열정민쌤의

원노트로 만드는 무게 0g
디지털
교무수첩

원정민
조영진
온연경
이지은

부영story

한번 써보면, 예전으로 못 돌아갑니다.

　수십 명, 많게는 수백 명의 학생 관리, 업무 관리를 꼼꼼하게 해내기 위해 기록에 의존할 수밖에 없는 것이 교직입니다. 어느 하나라도 놓치면 학생들에게 문제가 생기거나 업무에 구멍이 생기기 때문입니다. 종이 교무수첩을 쓰던 시절 일입니다. 출퇴근길에 교무수첩에 메모해야 할 일이 가끔 떠오를 때, 매번 스마트폰 메모장에 떠오른 일을 메모했습니다. 무거운 종이 교무수첩을 들고 출퇴근할 수는 없으니까요. 다음 날 기억이 나면 출근해서 종이 교무수첩에 옮기고, 까먹으면 까먹은 대로 넘어가곤 했죠. 매번 이렇게 옮겨 적는 일이 번거로워, 이를 해결할 방법을 고민하다가 스마트폰에 디지털 교무수첩이 있으면 편리할 것이라고 생각했습니다. 열심히 앱 개발 공부를 해서 최초의 디지털 교무수첩 앱(안드로이드: 학급일지)을 만들었고, 선생님들의 긍정적인 반응과 함께 많은 기능 업그레이드 요청을 받았습니다. 그중 가장 많은 요청은, 스마트폰 말고 컴퓨터에서도 연동되었으면 좋겠다는 의견이었습니다. 저는 스마트폰 교무수첩으로도 충분하다고 생각했는데, 많은 선생님들의 생각은 달랐던 거죠. 그러나 스마트폰과 컴퓨터를 연동하는 디지털 교무수첩을 만들기 위해서는 데이터베이스, 서버 등 공부할 부분이 너무나 많았습니다. 그래서 기존 메모 앱들을 활용하는 방법을 찾아보기로 했습니다.

　그러다 만난 프로그램이 마이크로소프트 원노트입니다. 원노트를 사용할 때 같은 ID로 로그인하면 학교 컴퓨터, 집 컴퓨터, Android와 iOS 스마트 기기 모두 연동되는 무게 0g 디지털 교무수첩을 만들 수 있습니다. 게다가 개인정보로부터 안전하게 암호도 설정할 수 있고, 엑셀, 한글 파일도 업로드 후 수정할 수 있어서 업무 관리에도 매우 편리합니다. 수업 아이디어가 떠오르면 언제든 메모할 수 있고, 손필기 메모나 텍스트 메모 모두 가능하며, 디지털 자료이기 때문에 쌓아놓은 자료를 언제든 검색할 수 있습니다. 즉, 디지털 교무수첩으로서 요구되는 기능들을 완벽히 소화합니다.

종이 교무수첩의 경우 메모한 내용을 찾기 위해 시간을 많이 쓴 경험이 있지 않은가요? 또 갑작스런 회의를 하러 급하게 왔는데, 종이 교무수첩을 놓고 와서 관련 내용들을 확인하기 어려웠던 경험이 있지 않은가요? 동료 선생님들께 죄송했던 기억이 아직도 선명합니다. 그리고 매 수업마다, 회의마다 종이 교무수첩을 매번 들고 다니느라 귀찮고 무겁지는 않으신가요? 민감 정보가 많은 종이 교무수첩을 교실이나 연구실 책상 위에 놓고 퇴근하기 꺼려지지 않나요? 디지털 교무수첩을 사용하면 이런 불편함에서 벗어날 뿐 아니라, 많은 장점들을 취할 수 있습니다. 교무수첩을 디지털화하면서 많은 선생님들이 삶의 질의 향상을 경험하셨습니다. 이제는 선생님 차례가 되기를 바랍니다!

대표 저자 원정민 드림

차례

Chapter 02 따라 해며 만드는 디지털 교무수첩 • 57

Chapter 03 부가 기능으로 교무수첩에 날개 달기 • 109

Chapter 01 원노트 시작하기

OneNote

학교에서 원노트를 활용하면?

1-1-1 왜 디지털 교무수첩인가요?

'적자생존'. 임용 시험 후 2월 말, 처음 교직에 나왔을 때 방송실 장비 인수인계를 받다가 멍하니 있는 제게 선배 선생님께서 해주신 말씀입니다. 3월 초 첫 학년 회의 때도 가만히 듣고만 있는 제게, 학년 부장님께서 가장 먼저 이야기해 주신 것이 '적자생존'이었습니다. 기억할 수 있을 줄 알고 적지 않으면 할 일을 까먹어 일 처리를 못하게 되는 경우가 많기 때문에, 선배 선생님들께서 신규 교사였던 제게 정말 중요한 조언을 해주신 거였죠. 학교 현장에서 정말 많은 학생들 관리, 행정 업무, 담임 업무 등을 처리하려면 교직에서 기록 없이는 살아가기 어렵습니다. 그래서 기록을 효율적으로 하기 위해 많은 선생님들께서 교무수첩을 사용하십니다. 이러한 교무수첩은 최소 200페이지가 넘어갑니다. 연도별, 월별 일정 관리뿐 아니라 매일매일 학생 및 업무 처리를 기록해야 하기 때문입니다.

많은 것들이 디지털로 옮겨가는 시대입니다. 미국의 빅테크기업 아마존은 도서관을 디지털로 옮겼고, 국내 배달의민족은 배달 전단지와 주문을 디지털로 옮겨 많은 사람들에게 편리함을 주었습니다. 교사들의 필수 아이템 교무수첩을 디지털로 옮기면 어떨까요? 디지털 교무수첩 다음과 같은 장점이 있으며, 읽다 보면 디지털 교무수첩을 사용해야겠다는 생각이 드실 겁니다. 첫째, 무게가 0g입니다. 200페이지가 넘는 종이 교무수첩은 정말 무겁습니다. 디지털 교무수첩은 가벼운 걸 넘어서서, 디지털로 자료를 기록하기 때문에 무게가 없습니다. 둘째, 학교 컴퓨터, 집 컴퓨터, 핸드폰, 태블릿 어디든 연동이 됩니다. 집에서 업무 처리를 할 때에도 언제든 꺼내 볼 수 있고, 갑자기 수업 아이디어가 떠오르거나 까먹은 학교 일을 기록하려고 할 때 차 안에서든, 대중교통 안에서든 꺼내볼 수 있습니다. 프로그램에 따라 다르지만, 대부분 같은 아이디로 로그인한다면 어디든 연동이 됩니다. 셋째, 파일 업로드가 가능합니다. 디지털만의 장점으로, 종이 교무수첩에서는 불가능한 부분입니다. 디지털 교무수첩에는 수업 자료 피피티, 평가 엑셀 파일, 각종 업무 관련 한컴 파일 모두 업로드하여 관리할 수 있습니다. 넷째, 개인정보로부터 안전합니다. 교무수첩 자체가 개인정보 덩어리입니다. 업무상 비밀로 해야 할 사항들이 적혀있을 수도 있고, 학생 관리를 하다 보면 민감한 정보들이 적혀있을 수도 있습니다. 이러한 교무수첩을 교실이나 연구실에 두고 다니는 것은 어찌 보면 위험한 행동일 수도 있습니다. 디지털 교무수첩을 사용하면, 자료가 디지털에 있고 프로그램에 따라 보안 기능을 지원하기 때문에 개인정보로부터 비교적 안전합니다. 다섯째, 무료로 예쁘게 만들 수 있습니다. 프로그램마다 다르지만, 선생님들께서 공유해주신 각종 양식을 활용하거나, 서식 기능 등을 활용하면 예쁜 교무수첩을 만들 수 있습니다. 맨날 보는 교무수첩인데, 이왕이면 디자인이 예쁜 걸 사용하는 게 좋겠죠?

1-1-2 디지털 교무수첩 중, 왜 원노트인가요?

굿노트, 노션, 에버노트, 스프레드 시트 등 디지털 교무수첩으로 사용할 수 있는 디지털 프로그램은 많습니다. 다른 프로그램으로도 디지털 교무수첩을 만들 수 있지만, 디지털 교무수첩으로서 원노트가 가지는 장점은 다음과 같습니다. 첫 번째, 무료로 사용할 수 있습니다. 두 번째, 같은 ID로 로그인한다면, 모든 기기에서 연동이 됩니다. 세 번째, 믿을만한 기업인 마이크로소프트에서 만들었기 때문에, 프로그램이 없어질 위험이 비교적 적습니다. 네 번째, 텍스트 입력뿐 아니라 손글씨 메모도 가능합니다. 텍스트 입력과 손글씨 메모 두 가지를 모두 지원하는 프로그램이 많지 않습니다. 다섯 번째, 파일 업로드 후 파일을 클릭해 수정할 수 있으며, 저장할 수 있습니다. 이때 저장 후 다시 파일을 업로드하지 않아도 수정사항이 반영되어 매우 편리합니다. 평가, 업무, 수업 자료 정리 시 유용하게 사용할 수 있습니다. 여섯 번째, 보안 기능입니다. 상담 일지나 평가 기록 등의 민감 정보에는 암호를 걸어 사용할 수 있습니다. 일곱 번째, 녹음 기능을 지원합니다. 상담, 회의 시 녹음이 가능하며, 녹음 파일이 그대로 원노트에 자동 업로드되기 때문에 편리합니다. 여덟 번째, 협업이 가능합니다. 같은 교과나 동학년 선생님들과 프로젝트 수업 자료, 학년 공통 자료를 공유할 수 있습니다. 아홉 번째, 웹클리핑 기능을 지원합니다. 따라서 수업 준비 시 웹사이트 자료를 사진과 함께 긁어올 수 있습니다. 열 번째, 강력한 태그 기능으로 체계적으로 자료를 정리할 수 있습니다. 열한 번째, 예쁘게 커스터마이징할 수 있습니다. 다른 선생님들께서 만들어 놓은 예쁜 양식을 그대로 사용할 수도 있고, 선생님만의 양식을 음영 처리를 해 예쁘게 만들 수도 있습니다. 이 외에도 교무수첩으로서 원노트의 장점은 무궁무진합니다. 지금부터 설치부터 시작해, 한 단계 한 단계 따라 해보면서 원노트 디지털 교무수첩으로 스마트한 교사가 되어보도록 합시다.

1-2 원노트 시작하기

1-2-1 원노트 버전 비교하기

원노트는 다양한 접속 환경에서 빠른 동기화 성능을 보입니다. 이러한 장점 덕분에, 선생님들께서 원노트로 교무수첩을 만들어 사용하시다 보면 집, 학교, 핸드폰, 태블릿 PC 등 언제 어디서나 원노트를 편하게 쓸 수 있습니다. 원노트는 기기에 따라 버전을 다르게 제공하고 있는데, 기본적이고 필수적인 기능은 같으며 부가적인 기능과 인터페이스가 약간 다릅니다.

윈도우 PC로 원노트를 이용할 때는 두 가지 버전의 원노트를 사용할 수 있습니다. 첫째로 윈도우 10이 설치된 PC에 기본으로 있는 Windows 10용 OneNote이고, 둘째로 직접 설치해서 사용할 수 있는 OneNote Microsoft 365(설치형)입니다. 본 책에서는 설치형 버전인 OneNote Microsoft 365(설치형)를 중점적으로 설명드릴 예정입니다. 왜냐하면 4장에서 다룰 원타스틱 등 부가 기능 사용 등에 있어서 OneNote Microsoft 365(설치형)가 편리하기 때문입니다. OneNote Microsoft 365(설치형) 다운로드 방법은 1−2−2와 1−2−3에서 안내하도록 하겠습니다. OneNote Microsoft 365(설치형) 설치 후 [그림 1−2−1]과 같이 윈도우 PC 검색창에서 검색하면 두 버전의 앱 이름이 다른 것을 확인할 수 있습니다.

[그림 1-2-1] 원노트 버전 차이

본 책에서는 기능성과 범용성을 고려하여 OneNote Microsoft 365(설치형)를 기반으로 책을 집필하였습니다. 다양한 버전의 원노트 중 설치형 버전이 Microsoft에서 주 기능 지원 및 업그레이드를 지속적으로 하고 있는 프로그램입니다. 또한 확장 프로그램인 Onetastic 등 가장 많은 부가 기능을 제공하고 있습니다. 따라서 가능하다면 OneNote Microsoft 365(설치형)를 다운로드하는 것을 추천합니다.

TIP

원노트 프로그램을 설치하여 사용할 수 없거나 다른 사람의 PC여서 프로그램 설치가 곤란한 경우에는 원노트 웹 버전을 이용하시면 됩니다. 일부 UI나 기능이 다르지만 대부분의 기능이 유사합니다.

구글 검색창에 'onenote web' 입력 > 상단의 Sign in to OneNote 클릭 > 마이크로소프트 계정 로그인 > 원노트 웹 버전 이용

[그림 1-2-2] 원노트 웹 버전 접속 방법1

[그림 1-2-3] 원노트 웹 버전 접속 방법2

[그림 1-2-4] 원노트 웹 버전 접속 방법3

[그림 1-2-5] 원노트 웹 버전 접속 방법4

① 구글 검색창에 'OneNote Web'이라고 검색합니다.

② 가장 상단에 있는 검색 결과를 클릭합니다.

③ 마이크로소프트 계정을 입력하고 로그인합니다.

④ 원노트 웹 버전을 이용합니다.

 스마트폰용, 태블릿용은?

스마트폰 및 태블릿에서도 원노트 사용이 가능합니다. PC 버전만큼 다양한 기능을 제공하지는 않지만 노트 앱으로서 필수적이고 핵심적인 텍스트 입력, 파일 첨부 등의 기능을 이용하실 수 있습니다. 스마트폰에서 전자 필기장을 편집하면 PC에서도 동기화가 되므로 교무회의 중이나 이동 중에도 교무수첩으로 활용할 수 있습니다.

1-2-2 원노트 다운로드

Windows 10용 원노트는 윈도우 10 운영체제 설치 시에 자동으로 설치되지만, 설치형 버전인 OneNote Microsoft 365(설치형)는 마이크로소프트 홈페이지에서 직접 다운로드해야 합니다. 지금부터 윈도우 PC에서 OneNote Microsoft 365(설치형)를 다운로드하는 방법을 알아보도록 하겠습니다.

윈도우에 다운로드

구글 검색창에 'onenote download' 검색 > 마이크로소프트 사이트에서 원노트 다운로드 > 원노트 실행 및 로그인

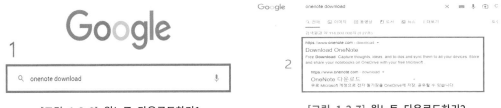

[그림 1-2-6] 원노트 다운로드하기1   [그림 1-2-7] 원노트 다운로드하기2

OneNote

3

생각, 아이디어, 할 일을 캡처하고 모든 장치와 동기화할 수 있습니다.
무료 Microsoft 계정으로 전자 필기장을 OneDrive에 저장, 공유할 수 있습니다.
OneNote에서 기간 제한 없이 원하는 만큼 사용할 수 있습니다.

[그림 1-2-8] 원노트 다운로드하기3

[그림 1-2-9] 원노트 다운로드하기4

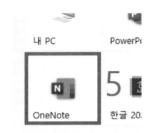

[그림 1-2-10] 원노트 다운로드하기5

[그림 1-2-11] 원노트 다운로드하기6

① 구글 검색창에 'OneNote download' 또는 '원노트 다운로드'라고 검색합니다.

② 상단에 있는 검색 결과를 클릭하여 마이크로소프트 홈페이지에 접속합니다.

③ '다운로드' 탭을 클릭하여 설치파일을 다운로드합니다.

④ 다운로드한 설치파일(Office Setup.exe)을 실행하여 원노트를 설치합니다.

⑤ 설치 완료 후 윈도우 시작메뉴에 추가된 원노트 아이콘을 클릭하여 원노트를 실행합니다.

⑥ 원노트를 실행하면 '로그인하여 Office를 시작'이라는 팝업 창이 뜹니다. 로그인을 하시면 원노트를 이용하실 수 있습니다.

TIP

본 책에서는 가장 대중적인 Windows의 Microsoft 365 설치형 버전, 64비트를 기준으로 설명드립니다. 접속하는 PC 환경에 따라, 핵심 기능은 같으나 원노트의 UI와 부가 기능에서 약간의 차이가 있을 수 있습니다.

Mac에 다운로드

Appstore에 'OneNote' 검색 > 다운로드 클릭 > 열기 클릭 및 로그인

[그림 1-2-12] **Appstore에서 검색 및 다운로드**　　　[그림 1-2-13] **원노트 열기**

① Appstore에 'OneNote'를 검색합니다.

② 구름 모양의 '다운로드'를 클릭합니다.

③ '열기'를 클릭하고 계정 로그인을 합니다.

TIP

원노트는 매우 다양한 버전이 존재하므로, 본 책은 가장 대중적인 Windows의 Microsoft 365 설치형 버전을 기준으로 집필하였습니다. 따라서 Mac에서 책 내용대로 실습은 어렵습니다.

다만, 책을 보고 학교의 Windows 컴퓨터로 실습을 통해 원노트를 익히면, 가정에 있는 Mac 버전을 따로 배우지 않아도 잘 활용할 수 있습니다. Mac에서는 지원하지 않는 기능이 일부 있지만, 대부분 기능 및 메뉴는 비슷합니다.

원노트 핸드폰이나 태블릿에 설치하기

iOS나 Android 기기에 원노트 앱을 설치하면 편리하게 디지털 교무수첩을 작성할 수 있습니다. 먼저, Android 기기에 설치하는 방법입니다. 다음의 순서대로 원노트 앱을 핸드폰에 설치할 수 있습니다.

Playstore 실행 > '원노트' 검색 및 설치 > 설치된 원노트 앱 확인

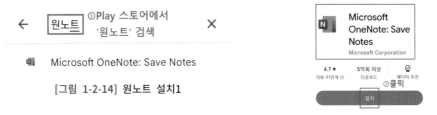

[그림 1-2-14] 원노트 설치1

[그림 1-2-15] 원노트 설치2

[그림 1-2-16] 원노트 설치3

iOS에서 설치하는 방법은 아래와 같습니다.

App store 실행 > '원노트' 검색 및 설치 > 설치된 원노트 앱 확인

[그림 1-2-17] 원노트 설치4

[그림 1-2-18] 원노트 설치5

[그림 1-2-19] 원노트 설치6

원노트를 실행하려면 계정을 생성한 후 로그인을 해야 합니다. 이메일 또는 전화번호를 입력하여 원노트를 시작해봅시다. 원노트 설치 후 화면은 Android와 iOS 모두 동일합니다.

원노트 클릭 > 이메일 또는 전화번호 입력 > 로그인 클릭 > 비밀번호 입력
> 파란색 로그인 상자 클릭 > 시작 클릭

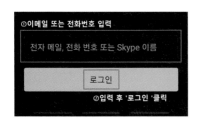

[그림 1-2-20] 원노트 실행1

[그림 1-2-21] 원노트 실행2

[그림 1-2-22] 원노트 실행3

1-2-3 원노트 계정과 전자 필기장

컴퓨터에 설치한 원노트를 실행하여 봅시다. 원노트는 말 그대로 다양한 기능을 활용할 수 있는 전자 필기장입니다. 이 전자 필기장을 언제, 어디서든 자유롭게 사용하려면 나만의 계정이 필요합니다. 그래야 동기화 또한 편리해져 디지털 교무수첩으로서의 유용성이 극대화되기 때문입니다. '원노트 앱 실행, 계정 생성 및 로그인, 전자 필기장 생성' 세 가지 단계를 차례대로 해봅시다.

원노트 앱 실행

바탕화면에서 왼쪽 하단의 윈도우 버튼을 클릭한 후, 앱 목록 중에서 'OneNote' 앱을 클릭합니다. 설치 직후라면 최근에 추가한 앱에도 표시되어 있습니다. 만약 OneNote 앱이 보이지 않는다면 좌측 하단에서 돋보기 모양을 클릭해서 OneNote를 검색하면 됩니다.

[그림 1-2-23] 원노트 앱 실행1

원노트를 실행하면 아래의 [그림 1－2－24]와 같이 창이 열립니다. 처음 원노트를 설치하여 실행하게 되면 계정 및 개인정보에 관련된 사항에 대해 확인을 해야 합니다. 이어지는 그림처럼 단계별로 클릭하여 원노트를 실행해 봅시다.

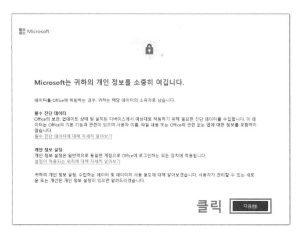

[그림 1-2-24] 원노트 앱 실행2

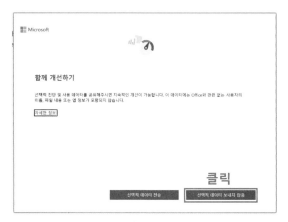

[그림 1-2-25] 원노트 앱 실행3

개인정보에 관련된 사항을 모두 설정하고 나면, 다음의 [그림 1－2－27]과 같은 원노트 실행 첫 화면이 보입니다. 아직 '전자 필기장'이 생성되지 않아, 아무것도 보이지 않습니다. 전자 필기장을 생성하려면 계정이 필요합니다. 다음으로 이어지는 그림의 안내에 따라 계정을 생성하고 로그인을 해 봅시다.

[그림 1-2-26] 원노트 앱 실행4

[그림 1-2-27] 원노트 앱 실행5

원노트 계정 생성 및 로그인

원노트에서 전자필기장을 생성하기 위해서는 먼저 마이크로소프트 계정을 생성하고 로그인해야 합니다. 원노트 설치 후 첫 실행을 하게 되면 일반적으로 로그인 창이 뜨지만, 그렇지 않은 경우에는 우측 상단의 '로그인' 버튼을 클릭해 주셔야 합니다.

우측 상단의 로그인 > '새로 만드세요' 클릭하여 계정 생성 (이미 계정이 있는 경우 생략) > 마이크로소프트 계정 입력 후 '다음'을 눌러 로그인 > 우측 상단에서 계정의 이름 확인

[그림 1-2-28] 원노트 계정 생성 및 로그인1

[그림 1-2-30] 원노트 계정 로그인 후

[그림 1-2-29] 원노트 계정 생성 및 로그인2

Microsoft 계정이 없는 경우 [그림 1－2－29]의 [새로 만드세요]를 클릭해서 계정을 생성할 수 있습니다. 로그인을 완료하게 되면 [그림 1－2－30]처럼 '로그인' 버튼이 있던 자리에 계정의 이름이 보입니다.

원노트 계정

원노트를 이용하려면 위와 같이 마이크로소프트 계정에 로그인해야 합니다. 마이크로소프트 계정을 만드는 방법은 타 사이트에 회원가입하는 과정과 같습니다. 마이크로소프트 홈페이지에서 직접 계정을 만들어 이용할 수도 있고, [그림 1－2－29]처럼 원노트 실행 후 계정을 생성할 수도 있습니다. 계정을 만들어 사용하면 무료로 사용 가능한 용량은 5GB까지이고, 그 이상의 용량을 이용하려면 원드라이브를 유료 구독해야 합니다. 직접 계정을 만들어야 하는 무료 버전도 유료 구독 버전과 기능이 거의 같아 사용에 불편함이 거의 없어 원노트를 교무수첩으로 활용하는 데 전혀 문제가 없습니다. 따라서 마이크로소프트 홈페이지에서 직접 계정을 만들어 사용하셔도 됩니다(전자 필기장마다 5GB 용량 제한이 아니라, 계정 내 모든 전자 필기장 합쳐서 5GB 용량 제한입니다). 더 많은 용량을 사용하고 싶다면 아래 Tip과 같은 방법도 있습니다.

TIP

각 시·도 교육청에서 교사들을 대상으로 'https://www.o365service.co.kr/office365/'를 통해 원노트 활용에 도움이 되는 원드라이브 1TB 혜택을 무료로 제공하기도 합니다(해마다, 지역마다 혜택의 차이가 있으므로, 소속 교육청별 혜택을 잘 확인해야 합니다). 이 혜택을 활용하면 원노트 교무수첩에 무료로 1TB까지 파일을 업로드할 수 있습니다(전자 필기장마다 1TB 용량 제한이 아니라, 계정 내 모든 전자 필기장 합쳐서 1TB 용량 제한입니다). 계정 가입 방법은 'https://www.o365service.co.kr/office365/'에서 연동된 각 지역별 사이트에서 확인하시면 됩니다. 가입이 어려울 경우 위 사이트의 아래 부분 '교육청별 가입안내'에서 문의가 가능합니다.

교육청 지원 계정으로 원노트를 사용하려면 5-2-3 165쪽을 참고하여 교육청 지원 계정으로 전환하여 사용하도록 합니다.

전자 필기장 생성

이제 새로운 전자 필기장을 생성해봅시다.

화면 좌측 상단 '파일' 탭 클릭 > '새로 만들기' 탭 클릭 > OneDrive 클릭 > 전자 필기장 이름을 자유롭게 입력 > 생성한 전자 필기장 공유 여부 선택

[그림 1-2-31] 전자 필기장 생성1

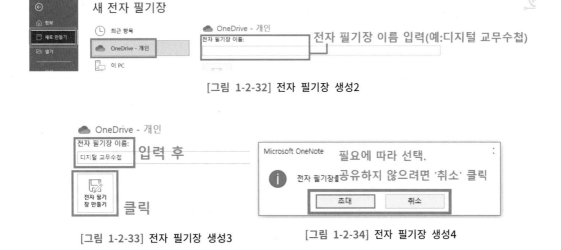

[그림 1-2-32] 전자 필기장 생성2

[그림 1-2-33] 전자 필기장 생성3　　　[그림 1-2-34] 전자 필기장 생성4

1-2-4 원노트 수동 동기화

원노트는 일반적으로 설치할 때부터 전자 필기장의 내용을 조금이라도 수정하는 경우 즉시 자동으로 동기화가 되도록 기본 설정되어 있습니다. 그런데 가끔은 PC에서 수정한 내용이 스마트폰에서 바로 확인이 안 될 때가 있습니다. 이러한 경우에는 네트워크에 문제가 있거나 동기화 속도에서의 차이가 있을 수 있습니다. 이럴 때는 전자 필기장을 수동으로 동기화해주는 방법을 통해 문제를 바로 해결하면 됩니다.

파일 탭 클릭 > 동기화 상태 보기 클릭 > 모두 동기화 또는 지금 동기화 버튼 클릭

[그림 1-2-35] 전자 필기장 동기화하기1

[그림 1-2-36] 전자 필기장 동기화하기2

① 원노트 홈 화면에서 좌측 상단의 [파일] 탭을 클릭합니다.

② 우측 상단에 있는 '동기화 상태 보기'를 누릅니다.

③ 그럼 동기화 창이 뜨는데, 여기서 '변경할 때마다 자동으로 동기화'가 체크되어 있지 않다면 수정할 때마다 자동으로 동기화가 될 수 있도록 꼭 체크하길 바랍니다.

④ 모두 동기화를 눌러서 모든 전자 필기장을 한 번에 동기화시키거나 각 전자 필기장의 '지금 동기화' 버튼을 눌러서 개별 전자 필기장을 동기화합니다.

TIP

전자 필기장에 파일을 첨부하거나 수정한 뒤, 급하게 PC를 종료해야 할 경우에도 확실한 동기화를 위해 이렇게 수동으로 동기화해주시는 것을 추천드립니다.

이렇게 수동으로 동기화를 했을 경우에도 스마트폰 원노트 앱으로 접속했을 때 수정한 내용이 확인되지 않는 경우가 있을 수 있습니다. 이럴 때는 스마트폰에서도 전자 필기장을 수동으로 동기화해주어야 합니다.

OneNote 앱 접속 후 전자 필기장 탭 클릭 > 동기화할 전자 필기장 선택 > 2초 동안 길게 눌러 선택 후 동기화 버튼 클릭

[그림 1-2-37] 전자 필기장 동기화하기3

[그림 1-2-38] 전자 필기장 동기화하기4

[그림 1-2-39] 전자 필기장
동기화하기5

[그림 1-2-40] 전자 필기장 동기화하기6

① 원노트 앱을 켜고 전자 필기장 탭을 누릅니다.

② 동기화할 전자 필기장을 2초 동안 길게 눌러 선택합니다.

③ 우측 상단에서 동기화 버튼을 눌러 수동으로 동기화합니다.

④ 해당 전자 필기장의 아이콘을 확인해 보면 동기화가 되었다는 표시를 확인할 수 있습니다.

iOS에서는 수동 동기화할 필요 없이 대체적으로 자동 동기화가 매우 잘되는 편입니다. 혹시 동기화가 잘 안된다면 아래 과정을 통해 설정하도록 합니다.

OneNote 앱 접속 후 전자 필기장 설정 클릭 > 설정에서 Sync 클릭 >
Auto Sync Attachments 기능 활성화

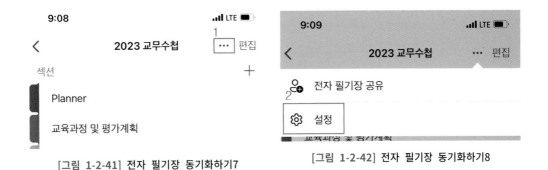

[그림 1-2-41] 전자 필기장 동기화하기7

[그림 1-2-42] 전자 필기장 동기화하기8

[그림 1-2-43] 전자 필기장 동기화하기9   [그림 1-2-44] 전자 필기장 동기화하기10

① 원노트 앱을 켜고 우측 상단 3개의 점을 클릭합니다.

② '설정' 버튼을 클릭합니다.

③ 설정의 'Sync'를 클릭합니다.

④ Auto Sync Attachments 기능을 활성화합니다.

TIP

아이폰에서 원노트를 사용하시다가 동기화가 되는지 확인하고자 하시는 경우, 스마트폰 화면을 위로 스크롤 하면 아래의 화면처럼 동기화가 되는 모습을 확인할 수 있습니다.

[그림 1-2-45] 스크롤 동기화 완료 화면

새로운 PC에서 전자 필기장이 보이지 않을 때

새로운 PC에서 원노트를 실행하면 전자 필기장이 보이지 않습니다. 예를 들어 학교 PC에서 실습을 한 뒤 집 PC에서 원노트를 맨 처음 열면 전자 필기장이 안 보입니다. 그럴 경우 아래 절차대로 전자 필기장을 열도록 합니다.

① 학교 PC에서 로그인했던 계정과 새 PC에서 로그인한 계정이 같은지 확인합니다.
② 편집한 전자 필기장이 닫혀있지 않은지 확인하고, 닫혀 있다면 아래 절차와 같이 전자 필기장을 열어줍니다.
③ 전자 필기장은 보이지만 수정 내용이 적용되지 않은 상태라면 17쪽에서 배운 것과 같이 전자 필기장을 수동 동기화해줍니다.

②번 전자 필기장이 닫혀있을 때 전자 필기장을 여는 방법입니다.

[그림 1-2-46] 전자 필기장 열기1

[그림 1-2-47] 전자 필기장 열기2

먼저 [파일] 탭에서 왼쪽에 열기 탭을 누릅니다. 그럼 개인 원드라이브 계정과 함께 원드라이브 계정에 저장된 여러 전자 필기장이 보입니다. 검색창을 이용하여 검색할 수도 있습니다. 이 목록에서 선생님들이 열고자 하는 전자 필기장을 더블클릭하면 원노트에서 전자 필기장을 열 수 있습니다.

전자 필기장을 연다는 것은 교무수첩으로 비유했을 때 서랍 속에서 교무수첩을 꺼내 놓는 것이라고 생각하시면 됩니다. 내 서랍 속에 있는 교무수첩을 바로 쓸 수 있게 눈에 보이는 곳에 놓는 것입니다. 당연히 전자 필기장을 닫을 수도 있습니다. 이전처럼 현재 열려 있는 전자 필기장 이름을 우클릭한 뒤 '전자 필기장 닫기'를 클릭해주면 전자 필기장이 보이지 않게 다시 서랍 속(원드라이브 저장 공간 속)으로 넣을 수 있습니다.

[그림 1-2-48] 전자 필기장 닫기

1-2-5 원노트 업데이트

기존에 설치되어 있는 원노트를 사용하시는 경우 원노트 업데이트 버전을 확인하시고, 업데이트 버전에 따라 UI가 조금씩 달라질 수 있기에 참고 부탁드리며 필요에 따라 업데이트하시길 바랍니다. 원노트 업데이트 방법은 아래와 같습니다.

화면 좌측 상단 '파일' 〉 창 좌측 하단 '계정' 〉 '업데이트 옵션' 클릭 〉
'지금 업데이트' 클릭

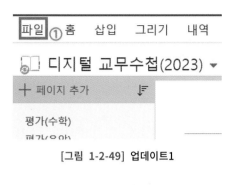

[그림 1-2-49] 업데이트1

[그림 1-2-50]
업데이트2

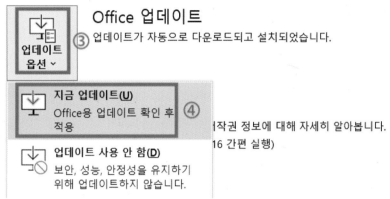

[그림 1-2-51] 업데이트3

'파일' 클릭 후 '계정'에서 '업데이트 옵션'을 통해 원노트 버전을 업그레이드할 수 있습니다. 이후 업데이트가 완료되었는지 확인하려면 '업데이트 옵션'에서 '지금 업데이트' 클릭 시 '최신입니다' 안내창이 뜬다면 업데이트가 잘 완료된 것입니다.

원노트 사용해보기

1-3-1 화면 구성 및 기본 기능 알아보기

1-3-1은 모든 기능을 세세하게 실습하기보다, 유용해보이는 주요 기능 위주로 실습하는 것을 추천합니다.

원노트 인터페이스 설정하기

앞서 1-2장에 나온 대로 계정을 로그인하고 전자 필기장을 생성하셨을 겁니다. 이번에는 원노트 인터페이스 설정을 알아보겠습니다. 리본 메뉴의 경우 아래 그림처럼 간소화된 리본과 클래식 리본으로 나뉩니다. 간소화된 리본은 메뉴가 좀 더 간단히 표기되어있고, 클래식 리본은 메뉴가 더 자세히 설명되어 있습니다.

[그림 1-3-1] 간소화된 리본

[그림 1-3-2] 클래식 리본

만약 간소화된 리본 메뉴로 설정되어 있는 경우 각종 기능을 더 잘 찾을 수 있도록, 클래식 리본으로 변경해보겠습니다.

리본 메뉴 영역 오른쪽 마우스 클릭 > 클래식 리본 사용

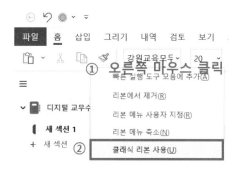

[그림 1-3-3] 클래식 리본으로 변경

추후 기능을 충분히 익혀 간소화된 리본을 선호한다면, 위 방법과 마찬가지로 리본 메뉴 우클릭 후 [간소화된 리본 사용]을 클릭하면 됩니다.

레이아웃의 경우도 가로 탭 레이아웃, 세로 탭 레이아웃으로 나뉩니다.

[그림 1-3-5] 가로 탭 레이아웃

[그림 1-3-4] 세로 탭 레이아웃

본 책에서는 원노트 화면을 더 넓게 사용할 수 있는 가로 탭 레이아웃을 기준을 집필하였습니다. 만약 현재 세로 탭 레이아웃이어서 가로 탭 레이아웃으로 변경하려면, 다음과 같이 설정합니다.

'보기' 탭 > 탭 레이아웃 > 가로 탭

[그림 1-3-6] 가로 탭 레이아웃으로 변경

[보기]−[탭 레이아웃]−[세로 탭] 설정을 통해 다시 세로 탭 레이아웃으로 변경할 수 있습니다.

TIP

세로 탭 레이아웃과 가로 탭 레이아웃은 섹션 추가 외의 기능은 같으므로, 취향에 따라 세로 탭을 선택하셔도 괜찮습니다.

원노트의 가로 탭 레이아웃을 처음 설정하면 페이지 목록이 화면 오른쪽에 위치합니다. 기호에 따라 화면 왼쪽에 페이지 목록이 펼쳐지도록 설정할 수 있습니다.

화면 우측 상단의 '파일' 클릭 〉 '옵션' 클릭 〉 두 번째 '표시' 탭 클릭 〉
'페이지 목록을 왼쪽으로 이동' 클릭하여 활성화

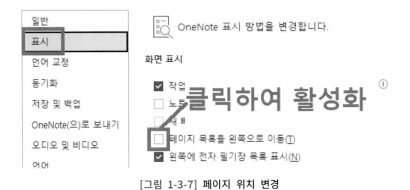

[그림 1-3-7] 페이지 위치 변경

페이지 목록을 왼쪽으로 이동을 클릭하면 [그림 1-3-9]와 같이 페이지 목록을 왼쪽에서 볼 수 있습니다.

[그림 1-3-8] 페이지 목록 위치 변경 전

[그림 1-3-9] 페이지 목록 위치 변경 후

화면 구성 및 메뉴

원노트를 잘 사용하려면 원노트의 기본 구조를 알아야 합니다. 원노트는 '전자 필기장-섹션-페이지'라는 구조로 이루어져 있습니다. OneNote Microsoft 365의 화면을 보고 각 부분이 어떤 것을 의미하는지 알아보도록 하겠습니다. 원노트를 실행하면 이러한 화면이 나옵니다.

[그림 1-3-10] 화면 구성

먼저 화면의 가장 위쪽을 보면 아래처럼 '파일, 홈, 삽입' 등의 리본 메뉴들이 있습니다.

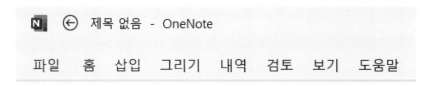

[그림 1-3-11] 리본 메뉴

위 리본 메뉴 중 홈 탭을 클릭하겠습니다.

[그림 1-3-12] 홈 탭

홈 탭을 클릭하면 하단에 실행 취소, 클립보드, 기본 텍스트, 스타일, 태그 기능 등이 있습니다. 각 메뉴의 자세한 기능들은 추후 자세히 살펴보겠습니다.

이번에는 화면의 왼쪽의 전자 필기장을 살펴보겠습니다.

[그림 1-3-13] 전자 필기장

전자 필기장은 노트의 이름이라고 생각하면 됩니다. 원노트 안에서 여러 개의 전자 필기장을 만들 수 있고, 이름을 설정할 수 있습니다. 예를 들면 '2023 교무수첩'과 '2023 다이어리'를 만들어서 학교 업무와 개인적 기록을 나눠 진행할 수 있습니다. 또한 '2023 교무수첩', '2024 교무수첩'처럼 매년 새로운 전자 필기장을 만들어 기록 및 저장할 수 있습니다.

섹션

이번에는 섹션을 살펴보겠습니다. 우선 [그림 1−3−13]에서 '연습용' 전자 필기장을 클릭하면 화면 위쪽에 아래 그림과 같은 섹션이 나옵니다.

[그림 1-3-14] 섹션

책에 큰 목차가 있듯이, 섹션은 전자 필기장의 큰 목차라고 생각하면 됩니다. 위 그림처럼 섹션을 여러 개 만들어 전자 필기장을 작성할 수 있습니다.

위 그림을 보면 '2023 Planner', '수업 자료' 등 여러 섹션이 있습니다. 이처럼 섹션을 몇 가지 만들어 관련된 내용을 섹션에 넣어 한눈에 보기 편한 교무수첩을 만들 수 있습니다. 섹션의 색상도 따로 설정할 수도 있고 여러 개의 섹션을 그룹화하여 섹션 그룹을 만들 수도 있습니다.

검색

원노트의 우측 상단을 보면 아래 그림과 같이 검색창이 있습니다.

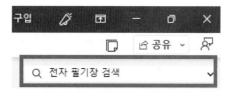

[그림 1-3-15] 검색창1

원노트의 우측 상단에 있는 검색창은 전자 필기장 내에 있는 내용을 검색할 수 있게 해줍니다. 어떤 내용을 적어두었는데 어디에 적어두었는지 까먹었을 때 검색창을 이용해 검색할 수 있습니다.

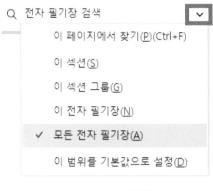

[그림 1-3-16] 검색창2

위 그림의 화살표 아이콘을 클릭하면 검색 범위를 설정할 수 있습니다. 검색 범위를 모든 전자 필기장, 현재 전자 필기장, 현재 섹션, 현재 페이지 등으로 설정하여 검색을 효율적으로 할 수 있습니다.

우측 상단 아이콘

[그림 1-3-17] 우측 상단

원노트의 우측 상단을 보면 위 그림 같은 아이콘들이 있습니다. 순서대로 설명하겠습니다.
①은 지금 사용하고 있는 계정 정보를 안내합니다. 클릭하면 계정 정보를 자세히 볼 수 있으며 로그아웃, 다른 계정으로 로그인 등 계정 관련 기능을 제공하고 있습니다.
②는 원노트의 업그레이드 예정 기능을 소개해주고 있습니다. 원노트는 마이크로소프트에서 꾸준히 새로 업그레이드하여 새로운 기능을 추가하고 있습니다.

③은 공유기능입니다. 아래 그림을 보면 전체 전자 필기장을 다른 사용자와 공유하여 함께 작성할 수 있습니다. 학년 프로젝트 수업이나 함께 처리해야 할 업무가 있다면 선생님들과 원노트를 공유하여 사용할 수 있습니다. 혹은 전자 필기장 링크를 공유하여 다른 사용자가 나의 원노트 양식을 사용할 수 있도록 해줍니다.

[그림 1-3-18] 공유

페이지 추가

이번에는 원노트 화면의 가장 큰 부분을 차지하고 있는 페이지에 대해 알아보겠습니다. 원노트에 노트필기를 할 수 있는 곳은 페이지입니다. 먼저 페이지를 추가하는 방법은 아래 화면처럼 페이지 추가를 클릭하는 것입니다.

[그림 1-3-19] 페이지 추가1

다른 방법은 원노트 좌측 화면의 페이지 창을 마우스 우클릭한 후 '새 페이지'를 클릭하는 방법입니다.

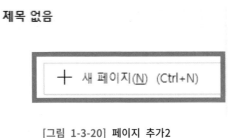

[그림 1-3-20] 페이지 추가2

하위 페이지

페이지를 추가한 후 하위 페이지를 만들면 [그림 1-3-21]처럼 체계적으로 자료를 정리할 수 있습니다.

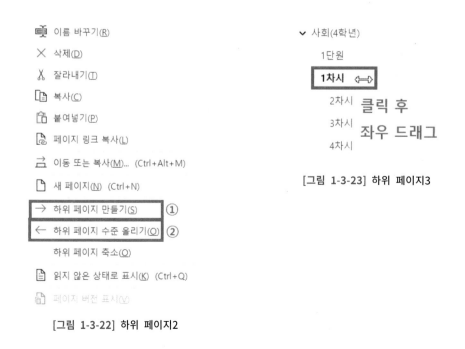

[그림 1-3-21] 하위 페이지1

하위 페이지를 만드는 방법은 다음과 같습니다. 페이지 목록에서 하위 페이지를 만들 페이지를 우클릭한 뒤, [그림 1-3-22]의 ①을 누르면 하위 페이지로 변경되고, ②를 누르면 다시 상위 페이지가 됩니다. 더 간단하게 만들려면 [그림 1-3-23]처럼 하위 페이지로 만들 페이지를 오른쪽으로 드래그하면 하위 페이지가, 왼쪽으로 드래그하면 상위 페이지가 됩니다. 하위 페이지는 최대 2단계까지 설정할 수 있습니다.

이름 바꾸기(R)

삭제(D)

잘라내기(T)

복사(C)

붙여넣기(P)

페이지 링크 복사(L)

이동 또는 복사(M)... (Ctrl+Alt+M)

새 페이지(N) (Ctrl+N)

→ 하위 페이지 만들기(S)   ①

← 하위 페이지 수준 올리기(O)   ②

하위 페이지 축소(O)

읽지 않은 상태로 표시(K) (Ctrl+Q)

페이지 버전 표시(V)

[그림 1-3-22] 하위 페이지2

사회(4학년)

1단원

1차시 ⟺

2차시   클릭 후

3차시   좌우 드래그

4차시

[그림 1-3-23] 하위 페이지3

섹션에 페이지들이 많아지고 하위 페이지들이 많아지면 한눈에 보기 어려워질 수 있습니다. 이때 하위 페이지들을 접어서 보기 편리하게 할 수 있습니다. 가장 상위 페이지의 제목 줄에 아래로 향한 부등호가 있습니다. 이를 클릭하면 [그림 1-3-25]처럼 페이지가 접어집니다.

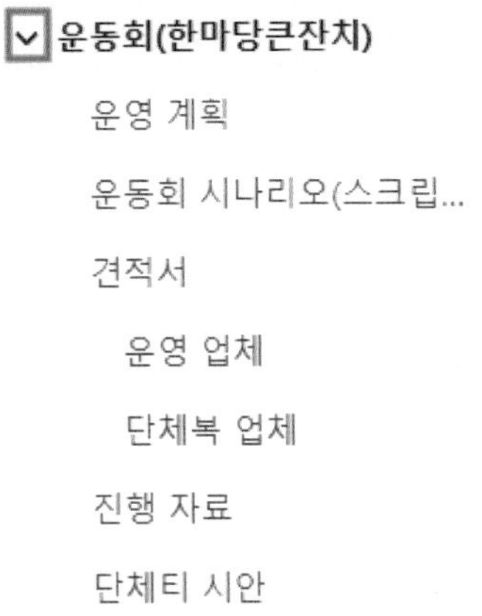

☑ **운동회(한마당큰잔치)**

운영 계획

운동회 시나리오(스크립...

견적서

운영 업체

단체복 업체

진행 자료

단체티 시안

[그림 1-3-24] 접기1

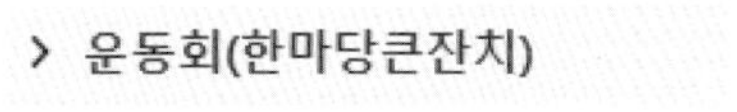

❯ **운동회(한마당큰잔치)**

[그림 1-3-25] 접기2

페이지를 추가했다면 페이지의 제목과 안에 들어갈 텍스트를 입력합니다. 페이지의 제목은 페이지의 좌측 상단에 입력하면 됩니다.

2022년 12월 23일 금요일   오후 6:13

[그림 1-3-26] 페이지 제목1

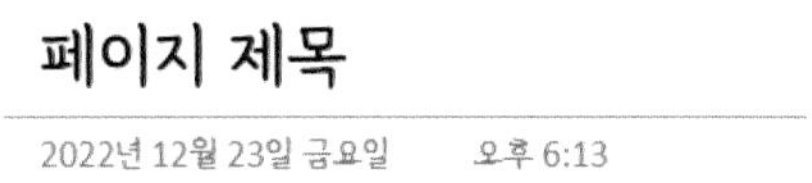

페이지 제목

2022년 12월 23일 금요일   오후 6:13

[그림 1-3-27] 페이지 제목2

페이지의 제목을 입력한 후, 페이지 안에 필기할 내용을 입력하면 됩니다. 마우스로 클릭한 지점에 텍스트 블록이 생기고 그 위치에서 필기가 시작됩니다.

TIP

원노트의 장점은 텍스트 블록을 정해진 위치가 아닌 자유롭게 사용자가 정할 수 있는 점입니다. 페이지를 원하는 방식 및 모양으로 구성할 수 있습니다.

페이지 이동 및 복사

해당 페이지는 다른 섹션 및 전자 필기장으로 이동 및 복사할 수 있습니다. 방법은 두 가지입니다. 먼저 페이지 창에서 마우스 우클릭을 한 후, 아래 화면의 '이동 및 복사'를 클릭합니다.

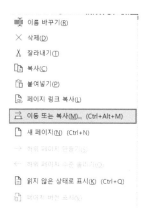

[그림 1-3-28] 이동 및 복사1

그러면 [그림 1-3-29]와 같이 해당 페이지를 어디에 이동 및 복사할 것인지 위치를 지정하는 화면이 생성됩니다. 원하는 위치를 클릭한 후, 이동 및 복사를 클릭합니다.

[그림 1-3-29] 이동 및 복사2

① 이동은 지정한 위치로 페이지가 이동하는 것입니다. ② 복사는 페이지가 지정된 위치에 복사되고 원래 위치에도 있게 됩니다.

두 번째 방법은 마우스 드래그를 이용하는 방법입니다. 페이지 창에서 이동 및 복사하고 자 하는 페이지를 꾹 누르고 드래그하여 원하는 위치로 옮기면 페이지가 이동됩니다. 그리 고 Ctrl 키를 누른 채 드래그하면 해당 위치로 복사됩니다.

페이지 삭제 및 복구

원노트를 작성한 후 페이지를 삭제해야 할 일이 생깁니다. 이때 페이지를 삭제하는 방법 에 대해 알려드리겠습니다. 먼저 삭제할 페이지를 마우스 우클릭한 후 아래 화면의 '삭제' 를 클릭합니다.

[그림 1-3-30] 삭제

그러면 해당 페이지가 삭제됩니다. 또는 삭제할 페이지를 선택한 후 키보드의 'Del'를 누르면 페이지가 삭제됩니다. 하지만 원노트에서는 페이지를 삭제한다고 해서 완전히 삭제 되는 것은 아닙니다. 원노트의 휴지통으로 페이지가 옮겨지는 것입니다.

복구하고 싶은 페이지가 있으면 휴지통으로 들어가 페이지를 복구할 수 있습니다. 전자 필기장을 마우스 우클릭한 후 다음 화면의 '전자 필기장 휴지통'을 클릭하면 휴지통으로 이 동합니다.

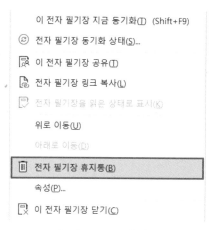

[그림 1-3-31] 휴지통

그러면 아래와 같이 휴지통(삭제된 페이지)으로 이동할 수 있습니다.

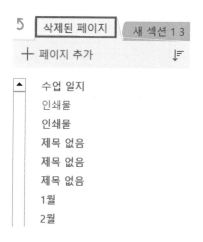

[그림 1-3-32] 삭제된 페이지

위 방법으로 전자 필기장의 휴지통에 들어가면 삭제했던 페이지들이 있습니다. 복구하고
자 하는 페이지를 선택한 후 '이동 또는 복사'를 클릭하여 페이지들을 복구할 수 있습니다.
또는 마우스 드래그를 통해 이동시키고자 하는 섹션으로 이동시키면 됩니다.

[그림 1-3-33] 휴지통 비우기

원노트의 휴지통은 60일간 자동 저장되며 이후에는 자동으로 삭제됩니다. 바로 휴지통을 비우고 싶다면 위 그림의 '삭제된 페이지'를 마우스 우클릭하여 '휴지통 비우기'를 클릭하면 됩니다.

PDF로 내보내기

원노트는 페이지, 섹션, 전자 필기장들을 개별적으로 저장 및 관리할 수도 있습니다. 특정 페이지를 개별적으로 저장하고 싶은 경우 리본 메뉴의 '파일-내보내기'를 클릭합니다.

[그림 1-3-34] 내보내기1

[그림 1-3-35] 내보내기2

그 후 현재의 페이지, 섹션, 전자 필기장 중 무엇을 따로 저장할 것인지 선택한 후 어떤 형식으로 저장할지 선택하면 됩니다. PDF로 내보낼 수도 있고, 다른 확장자로 내보낼 수도 있습니다.

[그림 1-3-36] 내보내기3

위의 그림처럼 현재 페이지를 PDF 파일로 내보내기를 클릭하면 아래와 같은 창이 생성되고 '저장'을 누르면 현재 페이지가 PDF 파일로 저장됩니다.

[그림 1-3-37] 내보내기4

> **TIP**
>
> 위 화면에서 페이지 범위를 페이지가 아닌 현재 섹션/현재 전자 필기장을 선택하면, 앞서 원노트에서 페이지를 선택했더라도 저장되는 범위가 바뀌게 됩니다.

내보내기에서 서식을 다음과 같이 'OneNote 2010-2016 섹션(*.one)'을 선택하면 선택한 범위가 .one 형식으로 저장됩니다.

2. 서식 선택:

[그림 1-3-38] 내보내기5

해당 파일을 선택하면 저장한 페이지, 섹션, 전자 필기장만 담겨있는 개별적인 원노트가 열립니다.

[그림 1-3-39] 내보내기6

이 방법을 사용하면 전담교사의 경우 다른 반 컴퓨터에서 필요한 페이지, 섹션, 전자 필기장만 원노트로 열어 사용할 수 있습니다.

손 필기

원노트의 경우 키보드로 텍스트를 입력할 수 있을 뿐만 아니라 패드 등을 이용하여 손 필기도 가능합니다. 리본 메뉴의 '그리기 – 도구'를 선택하여 필기구를 선택한 후 손 필기를 진행하면 됩니다.

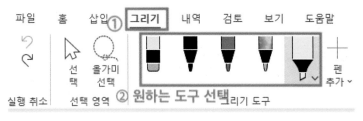

[그림 1-3-40] 손 필기

노트 선

손 필기를 할 때 아래의 방법을 사용하면 보기 깔끔한 원노트를 만들 수 있습니다. 리본 메뉴의 '보기 − 노트 선'을 클릭합니다.

[그림 1-3-41] 노트 선1

그러면 아래와 같이 다양한 노트 선들이 보이고, 원하는 노트 선을 선택하면 원노트 페이지에 노트 선이 생성됩니다.

[그림 1-3-42] 노트 선2　　　　　　　　　　　　[그림 1-3-43] 노트 선3

> **TIP**
>
> [그림 1-3-33]의 '항상 노트 선이 있는 페이지 만들기'를 선택하면 새로 생성되는 페이지에 선택한 노트 선이 생성됩니다.

원노트의 화면 주변에 리본 메뉴나 섹션 등 여러 창이 있어 페이지를 더 크게 보고 싶은 경우 페이지만 크게 볼 수 있게 해주는 기능이 있습니다. 두 가지 방법이 있습니다. 첫 번째로 리본 메뉴의 '보기 − 전체 페이지 보기'를 클릭하면 됩니다.

[그림 1-3-44] 전체 페이지1

두 번째로 페이지의 우측 상단 화면의 아래와 같은 화살표 아이콘을 클릭하는 방법이 있습니다.

[그림 1-3-45] 전체 페이지2

그러면 아래와 같이 페이지가 크게 보여 작성한 노트를 한눈에 보기 쉽게 해줍니다.

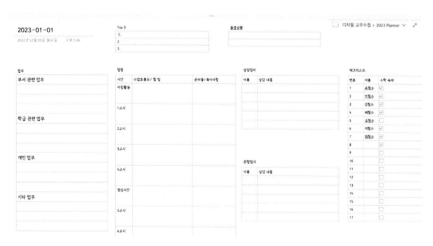

[그림 1-3-46] 전체 페이지3

TIP

다음 화면의 '바탕 화면의 도킹'을 클릭하면 원노트를 바탕화면의 옆쪽에 고정하여 계속 볼 수 있습니다.

[그림 1-3-47] 도킹1

아래 화면처럼 업무를 보며 오른쪽 원노트에 필기를 동시에 진행할 수 있어 효율적인 업무 진행에 도움이 될 수 있습니다.

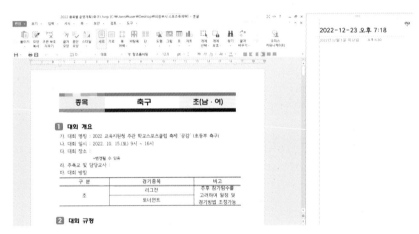

[그림 1-3-48] 도킹2

1-3-2 섹션 추가, 삭제, 관리

원노트는 전자 필기장－섹션－페이지 순으로 포함관계가 형성되는데 이번 장에서는 섹션을 추가, 삭제 등 관리하는 법을 배워보겠습니다. 원노트에서 섹션을 추가하는 방법은 아래 화면의 표시된 더하기 아이콘을 클릭하면 됩니다.

[그림 1-3-49] 새 섹션1

혹은 기존에 있던 섹션들 중 아무거나 마우스 우클릭하여 아래 표시된 '새 섹션'을 클릭하면 됩니다.

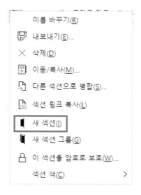

[그림 1-3-50] 새 섹션2

위 방법으로 섹션을 생성하면 [그림 1−3−51]과 같이 새로운 섹션이 만들어집니다.

[그림 1-3-51] 새 섹션3

세로 탭 레이아웃의 경우 [새 섹션]을 클릭하면 새로운 섹션이 만들어집니다.

새로운 섹션에 관련 있는 페이지들을 넣어서 원노트를 사용하면 됩니다. 섹션의 이름을 변경하거나 다른 설정을 변경하고 싶은 경우 해당 섹션을 마우스 우클릭하면 됩니다.

[그림 1-3-52] 세로 탭 레이아웃 새 섹션1   [그림 1-3-53] 세로 탭 레이아웃 새 섹션2

가로 탭 레이아웃, 세로 탭 레이아웃 모두 섹션을 우클릭했을 때 나오는 설정의 설명은 다음과 같습니다.

이름 바꾸기(R) 1
내보내기(E)... 2
✕ 삭제(D) 3
이동/복사(M)... 4
다른 섹션으로 병합(S)... 5
섹션 링크 복사(L) 6
새 섹션(I) 7
새 섹션 그룹(G) 8
이 섹션을 암호로 보호(W)... 9
섹션 색(C) 10　　　　>

[그림 1-3-54] 마우스 우클릭

① 섹션의 이름을 바꿔주는 기능입니다.

② 해당 섹션을 따로 저장해주는 기능입니다. (PDF 변환 저장 기능도 가능합니다.)

③ 해당 섹션을 휴지통으로 이동시켜주는 기능입니다.

④ 해당 섹션을 이동/복사시켜줍니다. 클릭하면 위치를 지정한 후 섹션을 이동/복사시켜줍니다.

⑤ 해당 섹션을 다른 섹션과 합쳐주는 기능입니다. 클릭하면 병합할 섹션을 지정한 후 해당 섹션의 페이지들이 다른 섹션의 페이지로 병합됩니다. 그 후 해당 섹션은 삭제됩니다.

⑥ 해당 섹션의 링크를 복사해주는 기능을 합니다.

⑦ 섹션을 새롭게 추가해주는 기능입니다.

⑧ 섹션의 그룹을 만들어줍니다. 다음 쪽에 자세히 기술하겠습니다.

⑨ 개인정보 등의 민감한 정보가 있는 섹션의 경우 암호화하여 관리할 수 있습니다. 책의 91쪽에 자세히 기술되어 있습니다.

⑩ 섹션의 색을 지정할 수 있습니다. 색으로 섹션을 구분하여 눈에 띄는 원노트를 만들 수 있습니다.

위 그림의 ⑧ 섹션 그룹은 성질이 비슷한 섹션들을 그룹화해주는 기능입니다. 예를 들어 아래의 그림처럼 섹션을 펼치지 않고 섹션을 그룹화하여 관리하면 더 편리한 원노트가 됩니다.

섹션 그룹을 만들기 위하여 위 그림의 ⑧을 클릭하면 아래와 같이 섹션 그룹이 생성됩니다.

　📚 교과목 자료　　📚 새 섹션 그룹　　📚 학생자료

[그림 1-3-55] 섹션 그룹1

만들어진 새로운 섹션 그룹을 더블클릭하면 아래 화면처럼 새 섹션 그룹으로 들어갈 수 있습니다.

[그림 1-3-56] 섹션 그룹2

섹션 그룹으로 들어간 후 ② 더하기 아이콘을 클릭하여 섹션들을 섹션 그룹 안에 넣을 수 있습니다. 섹션 그룹에서 나가고 싶으면 ① 되돌아가기 아이콘을 클릭하면 됩니다.

기존에 있던 섹션을 섹션 그룹에 넣고 싶은 경우 해당 섹션을 마우스 드래그하여 섹션 그룹 안에 넣으면 됩니다. 혹은 해당 섹션을 마우스 우클릭한 후 이동/복사를 클릭하여 위치를 지정하면 됩니다.

섹션 그룹의 개수는 정해져 있지 않으며 섹션 그룹 안의 하위 섹션 그룹 역시 만들 수 있습니다. 이 역시 개수가 정해져 있지 않고 계속해서 만들 수 있습니다.

교과전담 교사들은 섹션만 따로 저장하여 이동 수업에 활용할 수 있습니다. 예를 들어 아래 그림처럼 '수업 자료' 섹션을 따로 저장하고 싶은 경우 해당 섹션에서 마우스 우클릭하여 내보내기를 클릭합니다.

[그림 1-3-57] 저장1

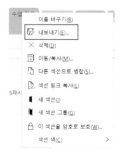

[그림 1-3-58] 저장2

그 후 파일 이름을 입력한 후 저장을 클릭합니다.

[그림 1-3-59] 저장3

그러면 해당 섹션만 따로 파일이 생성되어 저장됩니다.

[그림 1-3-60] 저장4

위 파일을 클릭하면 다음 화면처럼 저장한 섹션만 담겨 있는 새로운 원노트가 열립니다.

[그림 1-3-61] 새 원노트

1-3-3 전자 필기장 삭제 및 이름 변경

다음으로는 전자 필기장을 삭제하거나 전자 필기장의 이름을 변경하는 방법을 알아보겠습니다. 전자 필기장은 페이지, 섹션과 달리 삭제나 이름 변경을 하기 위해서는 웹에서 원드라이브에 접속해야 합니다. 먼저 웹에서 원드라이브에 접속하는 방법을 알아보겠습니다.

구글 검색 창에 '원드라이브' 검색 > 상단의 검색 결과 클릭 >
'이미 OneDrive를 사용하고 계신가요? 로그인' 버튼을 눌러 원드라이브 로그인 >
'내 파일' 탭을 클릭하여 전자 필기장 확인

[그림 1-3-62] 웹에서 원드라이브 접속하기1

[그림 1-3-63] 웹에서 원드라이브 접속하기2

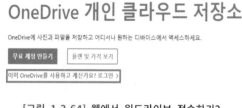

[그림 1-3-64] 웹에서 원드라이브 접속하기3

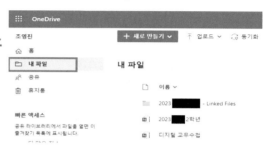

[그림 1-3-65] 웹에서 원드라이브 접속하기4

이 화면에서 전자 필기장을 삭제하거나 이름을 변경할 수 있습니다. 먼저 이름 변경하는 방법부터 살펴보겠습니다.

이름 변경할 전자 필기장을 우클릭 >
변경할 이름을 입력하고 '이름 바꾸기' 클릭

[그림 1-3-66] 전자 필기장 이름 변경1

[그림 1-3-67] 전자 필기장 이름 변경2

삭제할 전자 필기장을 우클릭 >
삭제 버튼을 눌러 전자 필기장 삭제

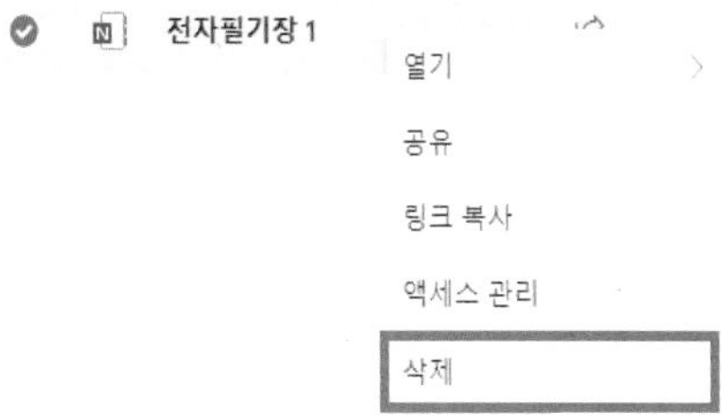

[그림 1-3-68] 전자 필기장 삭제1

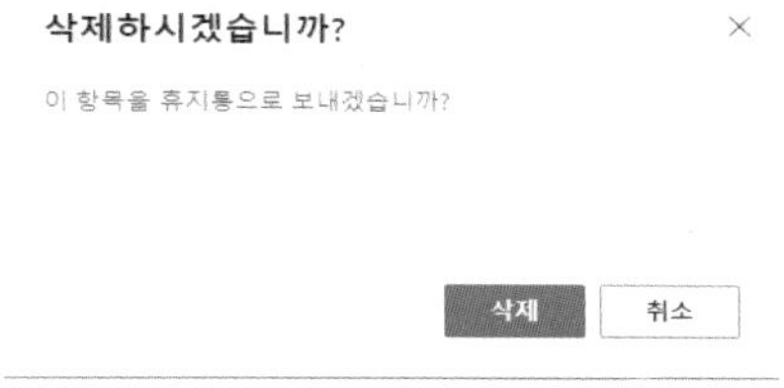

[그림 1-3-69] 전자 필기장 삭제2

삭제한 전자 필기장은 다음과 같은 방법으로 복구할 수도 있습니다.

[그림 1-3-70] 삭제한 전자 필기장 복구

좌측의 '휴지통 탭' 클릭 > 복원할 전자 필기장 선택 후 상단의 '복원' 클릭

TIP

원노트 프로그램 안에서 전자 필기장 이름을 변경하는 것은 실제 파일명을 변경하는 것이 아니라 표시된 이름만 변경하는 것이기 때문에 위의 과정과 의미가 다릅니다. 웹 원드라이브가 아닌 PC 내 원드라이브에서 전자 필기장 파일을 편집(이름 변경, 위치 변경)하는 것은 전자 필기장 파일이 손상될 수 있으므로 주의하시기 바랍니다.

글꼴 변경하여 감성적인 원노트 만들기

원노트를 활용하다 보면 나만의 스타일로 디지털 교무수첩을 꾸미게 됩니다. 이때, 글꼴은 큰 영향을 미칩니다. 섹션을 생성할 때마다 새로 글꼴 양식을 설정해야 한다면 굉장히 번거롭겠죠. 이런 불편함을 해소하기 위해 원노트에서는 기본 글꼴과 크기를 설정할 수 있습니다.

원노트의 기본 글꼴은 '맑은 고딕'이며 기본 크기는 11pt입니다. 이 설정을 '강원교육모두Bold'와 '18pt'로 변경해봅시다.

> **TIP**
>
> 강원교육 서체는 강원도교육청 홈페이지(https://www.gwe.go.kr/)의 상단 [교육청 소개] 탭 - [강원특별자치도 교육청 상징] - [강원교육 서체]에서 받을 수 있습니다.

리본 메뉴의 '파일' 클릭 > 왼쪽 하단의 '옵션' 클릭 > 옵션 창의 '일반' 탭
> '기본 글꼴' 항목에서 원하는 글꼴, 크기, 글꼴 색 설정 >
옵션 창 우측 하단의 '확인' 클릭

[그림 1-4-1] 글꼴 설정1

[그림 1-4-2] 글꼴 설정2

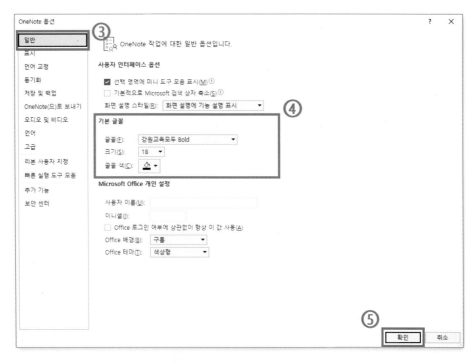

[그림 1-4-3] 글꼴 설정3

모든 섹션에 일괄 적용되도록 기본 글꼴을 변경하고 난 후, 특정 페이지 내의 선택 영역의 글꼴만을 변경할 수 있습니다. 해당 페이지의 단락을 드래그 후 A 또는 B의 방법으로 페이지 내의 글꼴 변경이 가능합니다.

A 나타난 글꼴창에서 변경 or 우클릭 후
생성된 설정창에서 변경([그림 1-4-4] 페이지 글꼴1)
B 홈 리본 메뉴 클릭 >
기본 텍스트 탭에서 글꼴 설정([그림 1-4-5] 페이지 글꼴2)

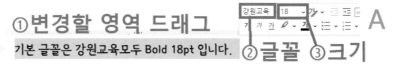

[그림 1-4-4] 페이지 글꼴1

[그림 1-4-5] 페이지 글꼴2

드래그한 단락의 글꼴을 '궁서체'와 '27pt'로 변경했습니다. [그림 1－4－6]처럼 변경된 것을 확인할 수 있습니다.

기본 글꼴은 강원교육모두 Bold 18pt 입니다.

변경 글꼴은 궁서체 27pt 입니다.

[그림 1-4-6] 페이지 글꼴3

만약 기본 글꼴이 적용되지 않는다면, 페이지나 섹션을 추가해 보세요. 새로 추가된 페이지나 섹션에서는 기본 글꼴이 원활히 적용됩니다.

> **TIP**
>
> PC에서 글꼴을 변경해도 스마트폰이나 태블릿에서는 맑은 고딕체로 적용됩니다. 스마트폰, 태블릿은 글꼴 지원이 제한적이기 때문입니다.

글꼴뿐 아니라 테마 변경으로도 나만의 디지털 교무수첩 스타일을 만들 수 있습니다. 기본으로 설정된 원노트 테마는 '흰색'입니다. 테마 변경 순서는 아래와 같습니다.

'파일' 리본 메뉴 클릭 > 왼쪽 하단 '옵션' 클릭 > '일반' 탭 클릭
> Office 테마 목록 중 원하는 테마 클릭 > 옵션 창 우측 하단의 '확인' 클릭

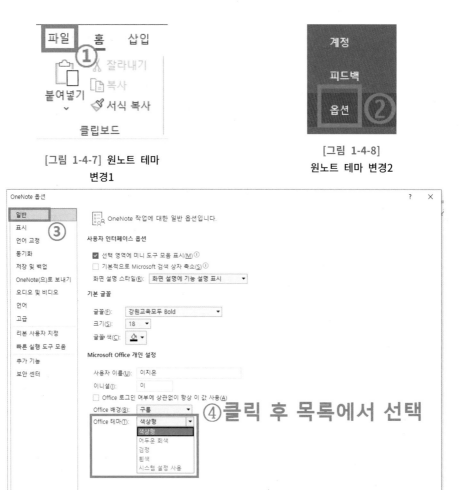

[그림 1-4-7] 원노트 테마
변경1

[그림 1-4-8]
원노트 테마 변경2

[그림 1-4-9] 원노트 테마 변경3

    선택 가능한 테마는 '색상형', '어두운 회색', '검정', '흰색'이 있습니다. 제시되는 그림들에서 테마별 느낌을 확인하고 원하는 테마로 설정해 봅시다.

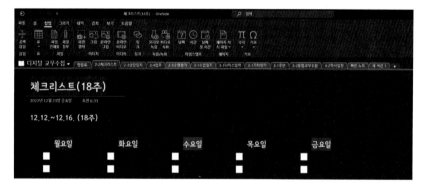

[그림 1-4-10] 원노트 테마 색상1(색상형)

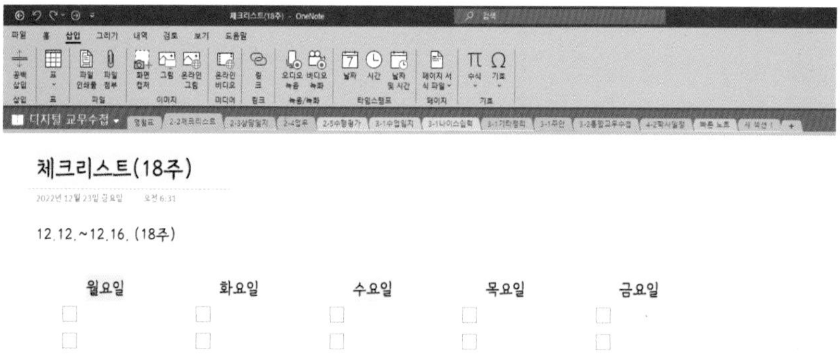

[그림 1-4-11] 원노트 테마 색상2(어두운 회색)

[그림 1-4-12] 원노트 테마 색상3(검정)

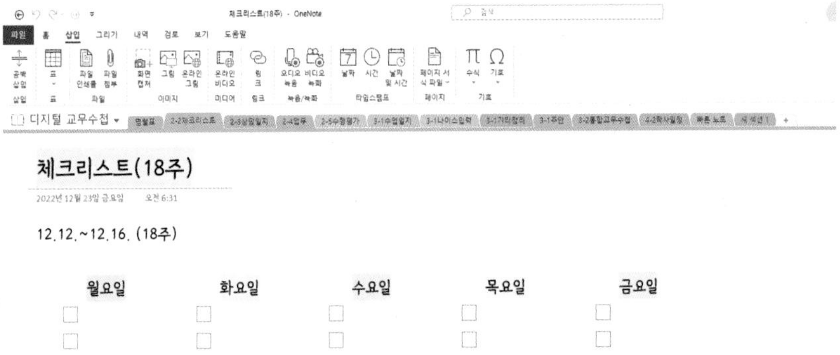

체크리스트(18주)

2022년 12월 23일 금요일   오전 6:31

12.12. ~ 12.16. (18주)

월요일	화요일	수요일	목요일	금요일
☐	☐	☐	☐	☐
☐	☐	☐	☐	☐

[그림 1-4-13] 원노트 테마 색상4(흰색)

OneNote

2-1 학생명렬표 만들기

2-1-1 개인정보명부

표 기능

원노트에서도 한컴처럼 표를 넣어 학생 데이터를 관리할 수 있습니다. 또한 앞으로 배울 체크박스 기능, 태그 기능 등을 사용하면 효율적인 학생 및 업무 데이터 관리가 가능합니다. 먼저, 개인정보명부를 만들며 표의 기본 기능을 익혀보도록 하겠습니다.

좌측 상단 삽입 클릭 〉 표 클릭 〉

①필요한 줄과 칸의 수만큼 표 크기에 마우스 커서 올려 클릭

or

〉 ②표 삽입 클릭 후 [그림 2-1-2] 창에서 줄과 칸의 수 입력 후 확인 클릭

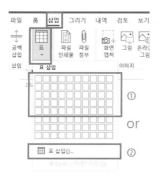
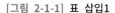

[그림 2-1-1] **표 삽입1**

[그림 2-1-2] **표 삽입2**

표를 만든 후 내가 원하는 크기의 표를 만들기 위해서는 표가 보일 범위를 설정해야 합니다. [그림 2−1−3], [그림 2−1−4]와 같이 회색 부분의 길이를 드래그로 조정하여 범위를 정한 후 [그림 2−1−5]와 같이 표의 크기를 조정합니다.

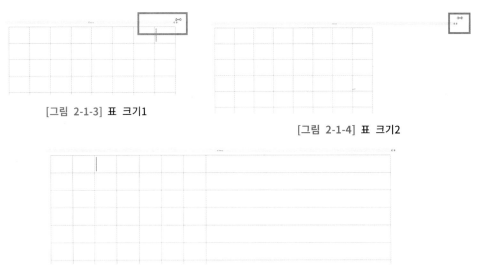

[그림 2-1-3] 표 크기1

[그림 2-1-4] 표 크기2

[그림 2-1-5] 표 크기3

만들어진 표에 데이터를 입력해 학생 개인정보명부를 입력해보겠습니다. [그림 2−1−6] 과 같이 번호, 이름, 성별, 연락처, 주소, 건강사항 등 필요한 내용을 입력할 수 있습니다.

개인정보명부

2022년 12월 23일 금요일   오전 6:31

번호	이름	성별	학생번호	보호자번호1	보호자번호2	주소	본교가족	비고
1	김일일	남	010-1234-5678	010-1246-5678	010-1246-5678	대한도 민국시 만세동로 123-1, 114동 1301호.		갑각류 알레르기
2	나둘둘	남	010-2345-6789	010-2345-6789	010-2345-6789	대한도 민국시 만세동로 124-6, 111동 102호.	나삼삼3-2	
3	당삼삼	여	010-3456-7891	010-3236-7891	010-3236-7891	대한도 민국시 만세동로 14-6, 109동 102호.	당섬섬6-1	
4	로사사	남	010-4567-8910	010-4237-8910	010-4237-8910	대한도 민국시 만세동로 123-1, 126동 206호.		
5	민오오	여	010-5678-9102	010-5238-9102	010-5238-9102	대한도 민국시 만세동로 123-1, 112동 1302호.		
6	박육육	여	010-6789-1023	010-6239-1023	010-6239-1023	대한도 민국시 만세동로 124-6, 111동 102호.		
7	신칠칠	남	010-7890-1234	010-7230-1234	010-7230-1234	대한도 민국시 만세동로 123-1, 111동 2203호.		

[그림 2-1-6] 표 내용 입력

내용을 입력하다 보면 개인정보명부에서 추가사항이나 수정할 사항이 생깁니다. 간단한 과정으로 정리가 가능합니다. 보호자번호2의 열을 삭제해보겠습니다.

수정 원하는 표의 영역에서 마우스 우클릭 〉 표 선택 〉 원하는 기능 클릭

[그림 2-1-7] **표 속성1**

보호자번호2의 열을 삭제해 [그림 2-1-8]과 같이 정리했습니다. 이렇게 표의 행 또는 열 삽입/삭제/선택/속성변경 등의 기능을 적용시켜 편리하게 개인정보명부를 관리할 수 있습니다.

개인정보명부
2022년 12월 23일 금요일   오전 6:31

번호	이름	성별	학생번호	보호자번호1	주소	본교가족	비고
1	김일일	남	010-1234-5678	010-1246-5678	대한도 민국시 만세동로 123-1, 114동 1301호		갑각류 알레르기
2	나둘둘	남	010-2345-6789	010-2345-6789	대한도 민국시 만세동로 124-6, 111동 102호	나삼삼3-2	
3	당삼삼	여	010-3456-7891	010-3236-7891	대한도 민국시 만세동로 14-6, 109동 102호	당섬섬6-1	
4	로사사	남	010-4567-8910	010-4237-8910	대한도 민국시 만세동로 123-1, 126동 206호		
5	민오오	여	010-5678-9102	010-5238-9102	대한도 민국시 만세동로 123-1, 112동 1302호		
6	박육육	여	010-6789-1023	010-6239-1023	대한도 민국시 만세동로 124-6, 111동 102호		
7	신칠칠	남	010-7890-1234	010-7230-1234	대한도 민국시 만세동로 123-1, 111동 2203호		

[그림 2-1-8] **표 속성2**

TIP

방금 수정한 사항을 취소하여 되돌리고 싶을 경우에는 [그림 2-1-9] 실행 취소와 같이 원노트 화면의 상단 맨 위의 줄에서 왼쪽에 있는 휘어진 화살표 버튼을 누르거나 단축키 [Ctrl+Z]를 누릅니다. 윈도우 11은 [파일] → [옵션] '빠른 도구 실행 모음'에서 명령 추가 후 '빠른 실행 도구 모음 표시'를 눌러야 되돌리기 화살표가 나옵니다.

[그림 2-1-9] 실행 취소

엑셀에서 복사하기

개인정보명부, 기초 설문 조사 등 엑셀 파일에 있는 데이터도 복사, 붙여넣기를 통해 간단히 원노트 디지털 교무수첩에 정리가 가능합니다.

엑셀 파일 또는 구글 스프레드시트에 있는 내용 복사(Ctrl+C) > 디지털 교무수첩의 기초 설문 조사 페이지에서 원하는 공간에 마우스 우클릭 후 붙여넣기(Ctrl+V)

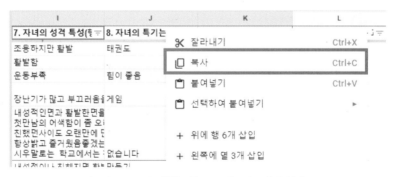

[그림 2-1-10] 엑셀/구글 스프레드시트에서 복사

7. 자녀의 성격 특성(행동 특성)은 어떠합니까?	8. 자녀의 특기는 무엇입니까?	9. 자녀의 취미는 무엇입니까?
조용하지만 활발	태권도	영어
활발함	.	휴대폰
운동부족	힘이 좋음	운동부족
장난기가 많고 부끄러움을 많이 탑니다	게임	게임
내성적인면과 활발한면을 동시에가지고 있어요첫만남의 어색함이 좀 오래유지되네요친했던사이도 오랜만에 만나면 시간이 조금필요합니다항상밝고 즐거웠음좋겠는데 밖에나가면 소극적인면이 너무 많이보여 속상할때가있어요 둘들이 말로는 학교에서는 친구들과 밝게지낸다고합니다	없습니다	좋아하는면 예인보기.

[그림 2-1-11] 원노트에 붙여넣기

2-1-2 체크박스 활용하기

태그 기능

체크박스 기능을 활용하면 학생들의 제출물 확인, 진도 표시 등 수시로 확인하거나 해야 할 일을 체계적으로 정리할 수 있습니다. 매우 유용한 기능으로 원노트 디지털 교무수첩의 핵심적인 기능 중 하나입니다. 체크박스는 원노트 '태그' 기능 중 하나로, 태그는 중요 표시, 할 일, 강조 표시 등 입력 내용의 성격을 나타내거나, 내용을 분류하거나, 추후 정리한 내용에서 특정 내용을 찾아내기 쉽도록 인식표를 달아놓는 개념입니다.

[그림 2−1−12]의 태그 리본을 보면, 3가지가 제시됩니다. 체크박스, 별표, 물음표 모양의 기호에 적절한 태그 활용 목적(할 일, 중요, 질문)이 단축키와 함께 안내되어있습니다. [그림 2−1−13]과 같이 아래로 목록을 열어주는 화살표를 클릭하면 [그림 2−1−14]와 같이 다양한 태그가 보입니다.

> **TIP**
>
> [그림 2-1-13]에서 아래로 목록을 열어주는 화살표가 안 보이는 경우, 태그 아이콘 아래에 ∨ 버튼을 클릭하면 됩니다.

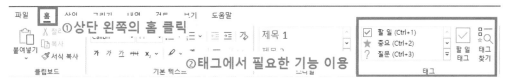

[그림 2-1-12] 태그1

[그림 2-1-13] 태그2

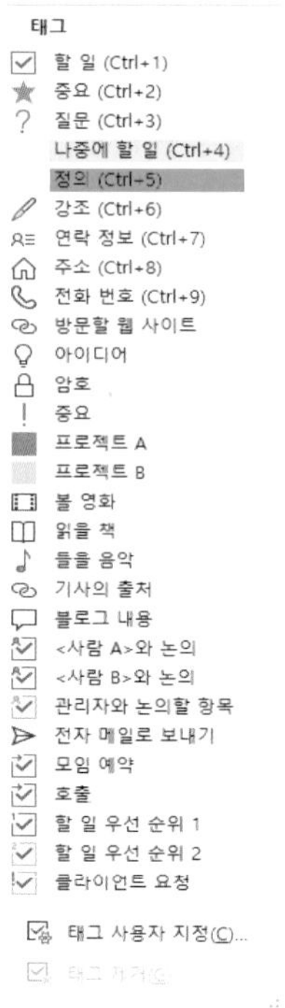

[그림 2-1-14]
태그3

이 중 목록의 첫 번째에 제시된 '할 일(Ctrl+1)'이 체크박스 기능입니다. 이제 체크박스를 입력해보겠습니다. 먼저 [그림 2-1-15]와 같이 표를 작성해두었습니다. 건강조사서, 우유급식, 개인정보 동의서, 준비물 구비, 주소 확인 여부 등에 학생 개별로 체크표를 넣어봅시다. [그림 2-1-16]에서처럼 체크박스 넣을 영역을 드래그로 설정한 후 A 또는 B를 클릭하면 [그림 2-1-17]과 같이 일괄로 체크박스가 입력됩니다. 또 한 번 클릭한다면 [그림 2-1-18]처럼 드래그한 영역의 체크박스에 체크표시가 됩니다. 혹은 드래그로 범위 지정 후 Ctrl+1을 누르면 체크박스 입력, 표시, 해제가 가능합니다.

표 범위 지정 > Ctrl+1 > 모든 칸 체크박스 (생성 > 해제 > 삭제)

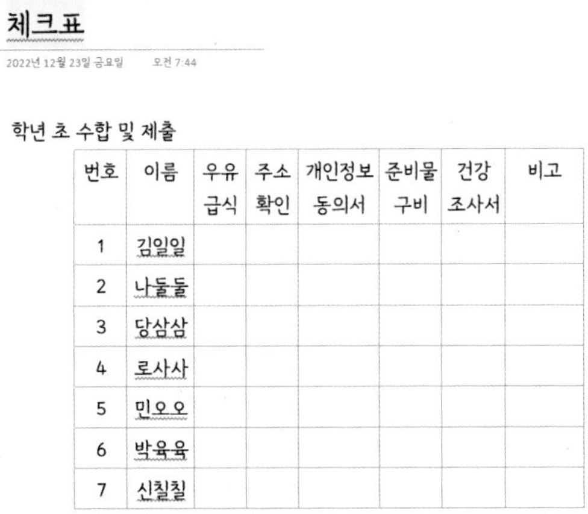

[그림 2-1-15] 체크박스 넣기1

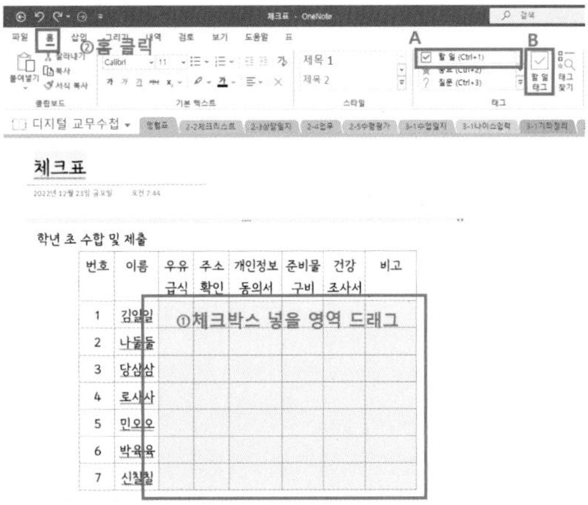

[그림 2-1-16] 체크박스 넣기2

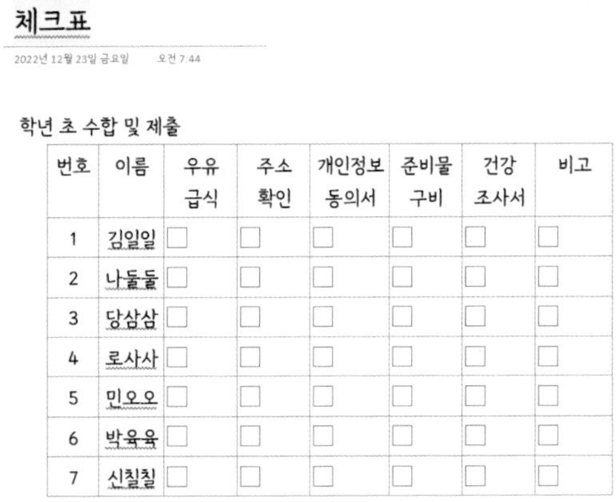

[그림 2-1-17] 체크박스 넣기3

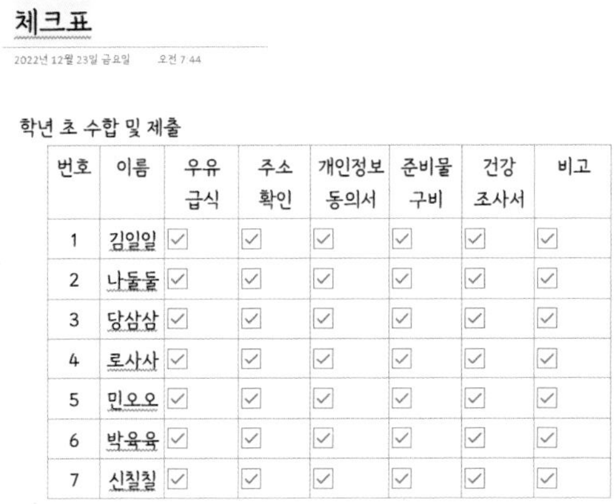

[그림 2-1-18] 체크박스 넣기4

TIP

단축키를 이용해서도 간편하게 체크박스를 생성하고 해제할 수 있습니다. Ctrl+1을 누를 때마다 체크박스 생성, 해제, 삭제 순으로 변경됩니다.

표의 열 이동하기

원노트에서 표 열의 이동은 간편하고 매우 유용합니다. 예를 들어, 여러 명의 학생들 중 할 일을 모두 마친 학생들과 아직 할 일이 남은 학생들을 따로 분류할 때 적용해보겠습니다. 할 일을 모두 마친(체크박스가 모두 체크된) '나둘둘', '민오오', '신칠칠' 세 학생의 열을 아래쪽으로 옮겨봅시다. 아래 [그림 2-1-19]에서 활성화된 화살표를 클릭하여 원하는 행으로 드래그해 [그림 2-1-20]과 같이 정리할 수 있습니다. 이렇게 디지털 교무수첩을 정리하면 학생 목록 전체를 매번 확인하지 않고 남아있는 학생들이나 확인 사항만 때에 맞춰 즉시 정리가 가능하기에 효율적으로 관리할 수 있습니다.

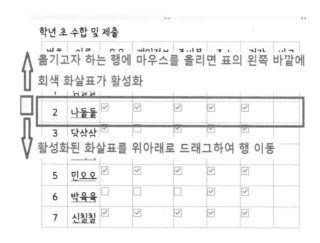

[그림 2-1-19] 체크박스 활용1

학년 초 수합 및 제출

번호	이름	우유 급식	개인정보 동의서	준비물 구비	주소 확인	건강 조사서	비고
1	김일일	☑	☑	☐	☑	☑	
3	당삼삼	☑	☐	☑	☑	☑	
4	로사사	☐	☐	☑	☑	☑	
6	박육육	☐	☐	☐	☑	☑	
7	신칠칠	☑	☑	☑	☑	☑	
5	민오오	☑	☑	☑	☑	☑	
2	나둘둘	☑	☑	☑	☑	☑	

[그림 2-1-20] 체크박스 활용2

학년 초 수합 및 제출

번호	이름	우유 급식	개인정보 동의서	준비물 구비	주소 확인	건강 조사서	비고
1	김일일	☑	☑	☑	☑	☑	
3	당삼삼	☑	☑	☑	☑	☑	
4	로사사	☑	☑	☑	☑	☑	
6	박육육	☑	☑	☑	☑	☑	
7	신칠칠	☑	☑	☑	☑	☑	
5	민오오	☑	☑	☑	☑	☑	
2	나둘둘	☑	☑	☑	☑	☑	

[그림 2-1-21] 체크박스 활용3

TIP

표의 열 이동하기는 Alt+Shift+방향키로 쉽게 조작할 수 있습니다.

표 정렬 기능

체크박스 태그와 표 정렬을 적절히 이용하면 디지털 교무수첩 정리가 보다 편리합니다. 앞의 [그림 2−1−21]에서 모든 학생들이 확인 사항을 모두 마쳐 체크박스에 빨간 체크표가 되어있습니다. 하지만 학생들 수합 상황에 따라 표를 정렬하다 보니 번호가 뒤섞였습니다. 이때, [그림 2−1−22]처럼 표 정렬 기능을 이용해 빠르게 정리 가능합니다. 번호 순서대로 정리하고자 [그림 2−1−23]과 같이 명렬표를 오름차순으로 정렬했습니다.

정렬하고자 하는 표의 열 클릭 > 상단 표 리본 클릭 > 데이터의 정렬 클릭 >
오름차순으로 정렬 클릭

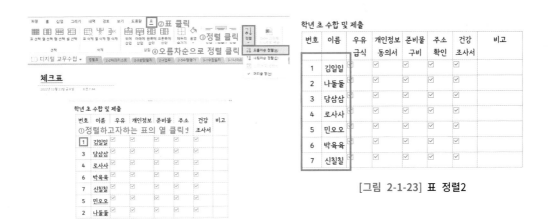

[그림 2-1-22] 표 정렬1

[그림 2-1-23] 표 정렬2

> **TIP**
>
> 체크박스와 더불어 별 모양 중요 태그(단축키: Ctrl+2) 역시 유용합니다. 예를 들어 [그림 2-1-24]와 같이 알레르기 등의 확인 사항을 특별하게 표시해야 할 경우 중요 태그를 이용하면 눈에 띄게 정리할 수 있습니다.

학년 초 수합 및 제출

번호	이름	우유 급식	개인정보 동의서	준비물 구비	주소 확인	건강 조사서	비고
1	김일일	☑	☑	☑	☑	☑	★ 알러지 제출
3	당삼삼	☑	☑	☑	☑	☑	
4	로사사	☑	☑	☑	☑	☑	

[그림 2-1-24] 별표 태그

TIP

표의 첫째 행은 정렬이 안 되므로 첫째 행은 번호, 이름 등을 넣는 것이 좋습니다.

스마트 체크리스트 제작하기

음영

앞서 배운 표, 체크리스트 기능뿐 아니라 링크 기능, 글머리 기호 기능, 첨부 기능을 사용해 스마트 주간 체크리스트를 만들어 봅시다. 먼저 표를 간단하게 만든 후, 요일은 가장 위의 행에, 일과 요소들은 가장 왼쪽 열에 입력합니다. 이때 표에 음영을 넣어 내가 보기 편한 형식으로 작성하면 좋습니다. [그림 2-2-1]의 과정처럼 원하는 셀을 드래그하여 선택된 영역의 표 음영을 설정할 수 있습니다. 개인의 취향에 따라 [그림 2-2-2]와 같이 꾸밀 수 있습니다.

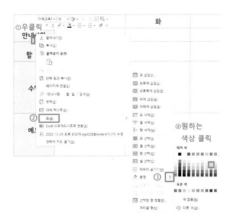

[그림 2-2-1] 표 음영

체크리스트
2022년 12월 23일 금요일   오전 6:31

	월	화	수	목	금	주간 메모
안내사항						
할 일						
수업						
메모						

[그림 2-2-2] 체크리스트 표

아래의 [그림 2-2-3]처럼 안내사항, 할 일, 수업, 메모 등 네 가지의 항목으로 요소를 분류하여 정리했습니다. 이때, [그림 2-2-4]의 과정으로 전담이나 이동수업, 수행평가 등 따로 표시가 필요한 텍스트에도 음영을 넣었습니다.

	월	화	수	목	금	주간 메모
안내사항	9시 아침방송조회		수요일 전교어린이회의(2시, 3층 회의실, 회장안내)		다음 주부터 등교 통행로 공사 안내(안전지도주의) 주제 글쓰기 안내	
할 일	전학공 계획서 수합 코로나 출결 서명 김00 가정학습보고서 실과 키트 준비	독서동아리 안내 쪽지 나이스 출결 마감 나물들 출결 서류 수합	통일교육업무 보고서 제출 민주시민교육 보고서 제출 사회성회복프로그램 예산	주안짜기 교직원회의15시,회의실 금요일 전담시간표 조정 안내	주안배부 갈등예방교육 예산 품의	
수업	1교시-사회 2.3대한민국 정부 수립과 6.25전쟁 (8.15광복과정) 2교시-사회 2.3대한민국 정부 수립과 6.25전쟁 (한반도분단과정) 전쟁기념관 현체 연계 3교시-사회 2.3단원 고고전진 1차 남은 학생 지도박 필요 4교시-음악(수행평가) 이야기와 음악 미술(5~6교시) 역사 속 인물 소개하기 1~2교시 사회 연계	1교시-수학 평균과 가능성(평균구하기1) 2교시-사회 2.3대한민국 정부 수립과 6.25전 쟁(대한민국 정부 수립의 의미) 사회 음책 정리 검사 3교시-체육(전담) 4교시-영어(전담) 56교시-실과 수송수단(페이퍼카 만들기) 키트사용 안전지도	1교시-수학 평균과 가능성(평균구하기2) 2교시-사회 2.3대한민국 정부 수립과 6.25전쟁 (6.25전쟁 전개 과정 및 결과) 3교시-과학(전담) 4교시-영어(전담) 5교시-체육(전담)	1교시-수학 평균과 가능성(평균이용하기) 2교시-사회 2.3대한민국 정부 수립과 6.25전쟁 (6.25전쟁 전개 과정 및 결과) 전쟁기념관 현체 연계 3교시-사회 2.3단원 고고전진 2차 45교시-음악 기획합주 음악실 악기 확인 6교시-미술 시각 이미지와 역사 컴퓨터실 사용 예약	12교시-과학(전담) 3교시-영어(전담) 4교시-체육(전담) 5교시-도덕(수행평가) 긍정적인 태도 6교시-미술 생활 속의 시각 이미지 찾기 컴퓨터실 사용 예약	다음 주 출결마감 생활교육 프로그램 예산 집행내역 확인 프로그램 결과 제출 민00 신필질 학부모 상담
메모	나물들 병결(복통,아버지 아침 에 문자)					

[그림 2-2-3] 체크리스트 내용 입력

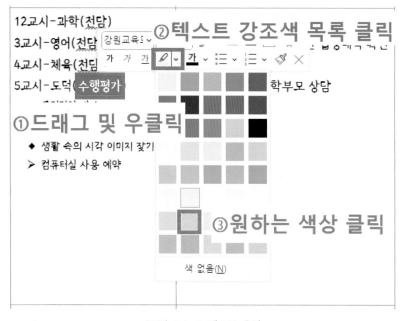

[그림 2-2-4] 텍스트 음영

하지만 체크리스트로 활용하기에는 가독성이 많이 떨어집니다. 단순히 입력된 내용들을 요소들의 성격에 따라 적절한 '태그와 글머리기호'를 활용하여 깔끔하게 정리하면 업무의 효율성을 높일 수 있습니다.

먼저 안내사항, 할 일, 메모는 앞서 다룬 태그 기능을 이용해 항목의 성격에 맞게 정리합니다.

[그림 2-2-5]처럼 태그를 이용하여 항목의 성격을 한눈에 보아 알 수 있도록 깔끔하게 정리하고 디지털 교무수첩에서 체크리스트의 활용도를 높일 수 있습니다.

	월	화	수	목	금	주간 메모
안내사항	□9시아침방송조회	□	□수요일 전교어린이회(2시, 3층 회의실.회장안내)	□	□다음 주부터 등교 통행로 공사 안내(안전지도주의) □주제 글쓰기 안내	태그 체크박스 (Ctrl+1)
할 일	□전학공 계획서 수합 (8.15광복과정) □코로나 출결 서명 □김읽일 가정학습보고서 □실과 키트 준비	□독서동아리 안내 곡지 □나이스 출결 마감 □나들물 출결 서류 수합	□통일교육업무 보고서 제출 □민주시민교육 보고서 제출 □사회성화복프로그램 예산	□주안짜기 □교원협의회15시.회의실 □금요일 전담시간표 조정안내	□주안배부 □갈등예방교육 예산 품의	
수업	1교시-사회 2.3대한민국 정부 수립과 6.25전쟁 (8.15광복과정) 2교시-사회 2.3대한민국 정부 수립과 6.25전쟁 (한반도분단과정) 전쟁기념관 현체 연계 2.3단원 고고전집 1차 남은 학생 피드백 필요 4교시-음악(수행평가) 이야기와 음악 미술(5~6교시) 역사 속 인물 소개하기 1~2교시 사회 연계	1교시-수학 평균과 가능성(평균구하기1) 2교시-사회 2.3대한민국 정부 수립과 6.25전쟁(대한민국 정부 수립의 의미) 사회 공책 정리 검사 3교시-체육(전담) 4교시-영어(전담) 56교시-실과 수송수단(레이싱카 만들기) 키트사용 안전지도	1교시-수학 평균과 가능성(평균구하기2) 2교시-사회 2.3대한민국 정부 수립과 6.25전쟁 (6.25전쟁 전개 과정 및 결과) 전쟁기념관 현체 연계 3교시-과학(전담) 4교시-영어(전담) 5교시-체육(전담)	1교시-수학 평균과 가능성(평균이용하기) 2교시-사회 2.3대한민국 정부 수립과 6.25전쟁 (6.25전쟁 전개 과정 및 결과) 전쟁기념관 현체 연계 3교시-사회 2.3단원 고고전집 2차 45교시-음악 기학합주 음악실 막기 확인 6교시-미술 시각 이미지의 역사 컴퓨터실 사용 예약	12교시-과학(전담) 3교시-영어(전담) 4교시-체육(전담) 5교시-도덕(수행평가) 긍정적인 태도 6교시-미술 생활 속의 시각 이미지 찾기 컴퓨터실 사용 예약	다음 주 줄결마감 생활교육 프로그램 예산 집행내역 확인 프로그램 결과 제출 민O오, 신칠칠 학부모 상담
메모	★나들물 병결(목통,아버지 아침에 문자) 태그 별표 (Ctrl+2)					

[그림 2-2-5] 체크리스트 태그

이번에는 체크리스트 표의 네 번째 행에 입력된 수업 항목을 정돈해봅시다. 수업은 요일별 교시와 과목에 따라 하위내용이 있습니다. 하위내용에는 수업 목표와 확인 사항들을 함께 입력해 놓았습니다.

[그림 2-2-6]에서 첫 번째 열의 내용을 봅시다. 빨간색과 파란색 사각형은 바로 위의 검정으로 쓰인 교시 과목의 하위항목들입니다. 빨간 사각형은 수업 목표이고, 파란 사각형은 준비 및 확인 사항입니다. 단순한 글씨 크기 차이로는 상위항목과 하위항목 구분이 어렵습니다.

1교시 - 사회	1교시 - 수학	1교시 - 수학
2.3대한민국 정부 수립과 6.25전쟁 (8.15광복과정)	평균과 가능성(평균구하기1)	평균과 가능성(평균구하기2)
2교시 - 사회	2교시 - 사회	2교시 - 사회
2.3대한민국 정부 수립과 6.25전쟁 (한반도분단과정)	2.3대한민국 정부 수립과 6.25전쟁(대한민국 정부 수립의 의미)	2.3대한민국 정부 수립과 6.25전쟁 (6.25전쟁 전개 과정 및 결과)
전쟁기념관 현체 연계	사회 공책 정리 검사	전쟁기념관 현체 연계
3교시 - 사회	3교시 - 체육(전담)	3교시 - 과학(전담)
2.3단원 고고전진 1차	4교시 - 영어(전담)	4교시 - 영어(전담)
남은 학생 피드백 필요	56교시 - 실과	5교시 - 체육(전담)
4교시 - 음악(수행평가)	수송수단(레이싱카 만들기)	
이야기와 음악	키트사용 안전지도	
미술(5-6교시)		
역사 속 인물 소개하기		
1-2교시 사회 연계		

[그림 2-2-6] 체크리스트 하위항목

들여쓰기

이때, 들여쓰기와 글머리기호를 활용하면 됩니다. 먼저 들여쓰기로 항목 위계를 정리해 봅시다.

빨간색과 파란색 사각형의 하위항목은 들여쓰기를 이용해 가독성이 좋게 정리할 수 있습니다. 들여쓰고자 하는 내용을 클릭하여 커서를 놓거나 드래그한 후 홈 리본의 기본 텍스트에서 '들여쓰기'를 클릭합니다.

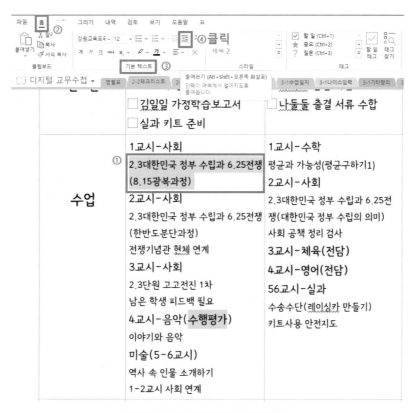

[그림 2-2-7] 체크리스트 들여쓰기1

TIP

들여쓰기는 단축키를 이용하면 편리합니다. 들여쓰고자 하는 곳을 드래그한 후 [Tab]을 누릅니다. 또, 들여쓰기 취소(내어쓰기)는 [Shift+Tab]을 누릅니다.

들여쓰기를 활용하여 [그림 2-2-8]과 같이 하위항목들을 정리했습니다.

| 1교시-사회
　2.3대한민국 정부 수립과
　6.25전쟁(8.15광복과정)
2교시-사회
　2.3대한민국 정부 수립과
　6.25전쟁(한반도분단과정)
　전쟁기념관 현체 연계
3교시-사회
　2.3단원 고고전진 1차
　남은 학생 피드백 필요
4교시-음악 (수행평가)
　이야기와 음악
미술(5-6교시)
　역사 속 인물 소개하기
　1-2교시 사회 연계 | 1교시-수학
　평균과 가능성(평균구하기1)
2교시-사회
　2.3대한민국 정부 수립과
　6.25전쟁(대한민국 정부 수
　립의 의미)
사회 공책 정리 검사
3교시-체육(전담)
4교시-영어(전담)
56교시-실과
　수송수단(레이싱카 만들기)
　키트사용 안전지도 | 1교시-수학
　평균과 가능성(평균구하기2)
2교시-사회
　2.3대한민국 정부 수립과
　6.25전쟁(6.25전쟁 전개 과정
　및 결과)
　전쟁기념관 현체 연계
3교시-과학(전담)
4교시-영어(전담)
5교시-체육(전담) |

[그림 2-2-8] 체크리스트 들여쓰기2

글머리기호

여기에 하위항목의 성격까지 표시하면 더 좋겠습니다. 이제 '글머리기호'를 활용해 봅시다. [그림 2-2-9]에서 빨간 사각형은 수업 목표이고, 파란 사각형은 준비 및 확인 사항입니다. 하위항목들에 글머리기호를 넣되, 하위항목의 성격에 따라 글머리기호를 다르게 변경해봅시다.

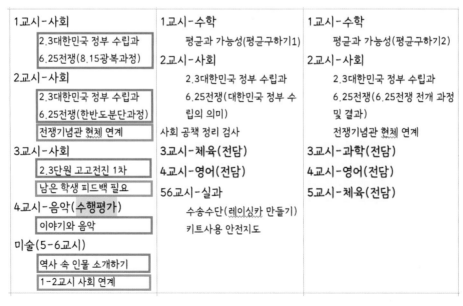

[그림 2-2-9] 체크리스트 글머리기호1

[그림 2-2-10]처럼 글머리기호를 넣고자 하는 영역을 드래그하거나 해당 영역에 커서를 놓은 후 원하는 기호를 클릭합니다.

[그림 2-2-10] 체크리스트 글머리기호2

TIP

글머리기호 입력은 단축키를 이용하면 편리합니다. 글머리기호를 입력하고자 하는 곳을 드래그하거나 그곳에 커서를 놓은 후 [Ctrl+.]을 누릅니다(.은 온점).

들여쓰기와 글머리기호를 잘 활용하면 [그림 2-2-11]처럼 체크리스트를 깔끔하게 정리한 디지털 교무수첩을 완성할 수 있습니다.

	월	화	수	목	금	주간 메모
안내사항	□9시아침방송조회	□	□수요일 전교어린이회(2시, 3층회의실.회장안내)	□	□다음 주부터 등교 통행로 공사 안내(안전지도주의) □주제 글쓰기 안내	
할 일	□전학공 계획서 수합 □코로나 출결 서명 □김밥일 가정학습보고서 □실과 키트 준비	□독서동아리 안내 폭지 □나이스 출결 마감 □나들물 출결 서류 수합	□통일교육업무 보고서 제출 □민주시민교육 보고서 제출 □사회성회복프로그램 예산	□주안짜기 □교직원회의15시.회의실 □급식일 전담시간표 조정 안내	□주안배부 □갈등예방교육 예산 품의	
수업	1교시 - 사회 ◆ 2.3대한민국 정부 수립과 6.25전쟁(8.15광복과정) 2교시 - 사회 ◆ 2.3대한민국 정부 수립과 6.25전쟁(한반도분단과정) ➤ 전쟁기념관 현체 연계 3교시 - 사회 ◆ 2.3단원 고고전진 1차 ➤ 남은 학생 피드백 필요 4교시 - 음악 (수행평가) ◆ 이야기와 음악 미술(5~6교시) ◆ 북사 속 인물 소개하기 ➤ 1~2교시 사회 연계	1교시 - 수학 ◆ 평균과 가능성(평균구하기1) 2교시 - 사회 ◆ 2.3대한민국 정부 수립과 6.25전쟁(대한민국 정부 수립의 의미) ➤ 사회 공책 정리 검사 3교시 - 과학(전담) 4교시 - 영어(전담) 56교시 - 실과 ◆ 수송수단(레카쉬카 만들기) ➤ 키트사용 안전지도	1교시 - 수학 ◆ 평균과 가능성(평균구하기2) 2교시 - 사회 ◆ 2.3대한민국 정부 수립과 6.25전쟁(6.25전쟁 전개 과정 및 결과) ➤ 전쟁기념관 현체 연계 3교시 - 과학(전담) 4교시 - 영어(전담) 5교시 - 체육(전담)	1교시 - 수학 ◆ 평균과 가능성(평균이용하기) 2교시 - 사회 ◆ 2.3대한민국 정부 수립과 6.25전쟁(6.25전쟁 전개 과정 및 결과) ➤ 전쟁기념관 현체 연계 3교시 - 사회 ◆ 2.3단원 고고전진 2차 45교시 - 음악 ◆ 기악합주 ➤ 음악실 악기 확인 6교시 - 미술 ◆ 시각 이미지의 역사 ➤ 컴퓨터실 사용 예약	12교시 - 과학(전담) 3교시 - 영어(전담) 4교시 - 체육(전담) 5교시 - 도덕 (수행평가) ◆ 긍정적인 태도 6교시 - 미술 ◆ 생활 속의 시각 이미지 찾기 ➤ 컴퓨터실 사용 예약	다음 주 출결마감 생활교육 프로그램 예산 집행내역 확인 프로그램 결과 제출 민O오. 신칠칠 학부모 상담
메모	★나들물 병결(복통. 아버지 아침에 문자)					

[그림 2-2-11] 체크리스트 글머리기호3

번호 매기기

원노트는 다양한 '번호 체계'를 구축하고 있습니다. 이를 활용하면 목록이나 내용 등을 보기 간편하게 체계화할 수 있습니다. 체크리스트의 가장 오른쪽 열에 있는 주간 메모에 번호를 매겨봅시다.

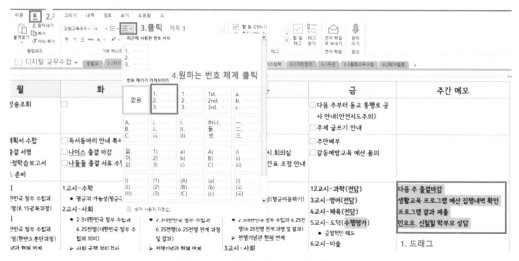

[그림 2-2-12] 체크리스트 번호매기기

> **TIP**
>
> 번호 매기기 또한 단축키를 이용하면 편리합니다. 단축키는 영역에 드래그하거나 그곳에 커서를 놓은 후 [Ctrl+/]를 누릅니다(/는 슬래시).

체크리스트에는 확인 사항과 함께 업무들이 많이 기록되어있습니다. 지금까지 알아본 기능들을 이용해 만든 체크리스트는 각종 사안들을 한눈에 확인하기에 좋습니다. 하지만 방대한 양의 내용을 다뤄야 할 경우, 섹션 간의 이동, 페이지 간의 신속한 이동 및 정확한 위치 확인이 필수적입니다. 이때, '연결(링크)'을 활용하면 디지털 교무수첩에서도 풍부한 자료를 빠르고 정확하게 사용할 수 있습니다.

연결

주 단위로 만든 체크리스트에 해당 주의 주간학습안내 페이지를 연결해봅시다. 섹션과 페이지 탐색 및 클릭의 과정을 거치지 않고 클릭 한 번으로, 체크리스트(19주) 페이지에서 주간학습안내(19주) 페이지로 이동이 가능합니다. 아래의 [그림 2-2-13] 또는 [그림 2-2-14]의 과정에 따라 [그림 2-2-15]와 같이 연결 설정 창이 생성됩니다. [그림 2-2-15]의 과정에 따라 [그림 2-2-16]과 같이 주간학습안내(19주)로 바로 이동할 수 있는 링크를 입력했습니다.

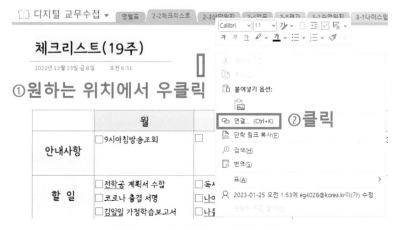

[그림 2-2-13] 주간학습 페이지 연결1

①원하는 위치에 커서 놓기

[그림 2-2-14] 주간학습 페이지 연결2

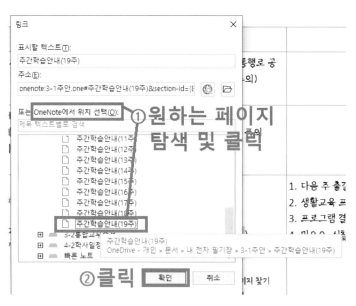

[그림 2-2-15] 주간학습 페이지 연결3

체크리스트(19주)

주간학습안내(19주)

2022년 12월 23일 금요일   오전 6:31

[그림 2-2-16] 주간학습 페이지 연결4

원노트 내의 페이지나 섹션뿐만 아니라 외부 사이트 창을 열 수 있도록 연결을 생성할 수 있습니다. [그림 2−2−17]의 과정을 통해 링크를 생성합니다. [그림 2−2−18]과 [그림 2−2−19]처럼 클릭하면 연결한 주소의 외부 사이트를 열 수 있는 링크가 생성되었습니다.

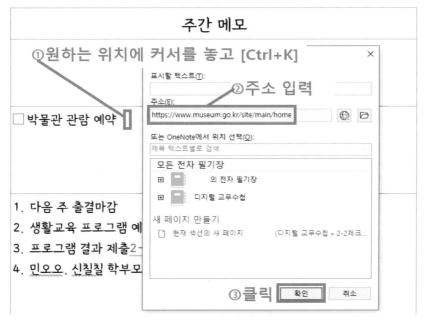

[그림 2-2-17] 외부 사이트 연결1

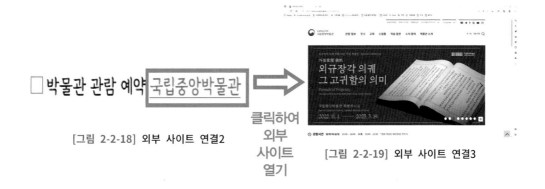

[그림 2-2-18] 외부 사이트 연결2

클릭하여 외부 사이트 열기

[그림 2-2-19] 외부 사이트 연결3

생성된 링크의 이름이나 링크 자체를 수정할 경우, [그림 2-2-20]처럼 해당 링크 위에서 우클릭 후 링크 편집, 링크 제거 등을 선택하여 수정할 수 있습니다.

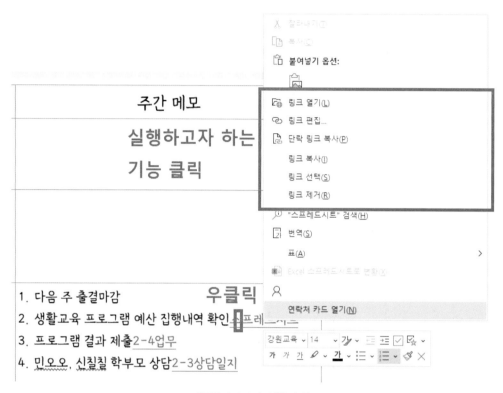

[그림 2-2-20] 연결 수정

TIP

양이 많고 복잡한 내용을 어느 위치에 정리해 놓았더라도 빠르고 정확하게 해당 단락으로 이동할 수 있습니다. '단락 링크 복사'를 활용하면 됩니다. 이 기능은 원노트 페이지 내의 구체적인 단락에 연결할 때 해당 단락의 위치를 링크로 생성하는 것입니다. 이를 통해 복사한 링크를 사용하면 클릭 시 바로 해당 단락으로 이동합니다.

[그림 2-2-21]의 순서대로 하여 복사된 링크를 연결해 놓으면 [그림 2-2-22]에서 생성된 연결(링크)을 클릭했을 때, [그림 2-2-23]과 같이 해당 단락으로 바로 이동 후 블록으로 표시해 줍니다. 이렇게 단락 링크 복사 기능을 활용하면 풍성한 자료를 빠르게 정리하고 확인할 수 있습니다.

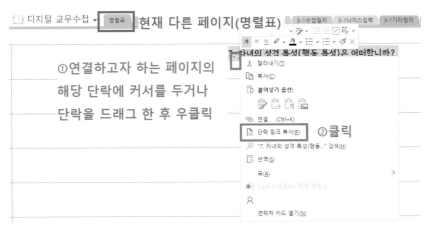

[그림 2-2-21] 단락 링크 복사1

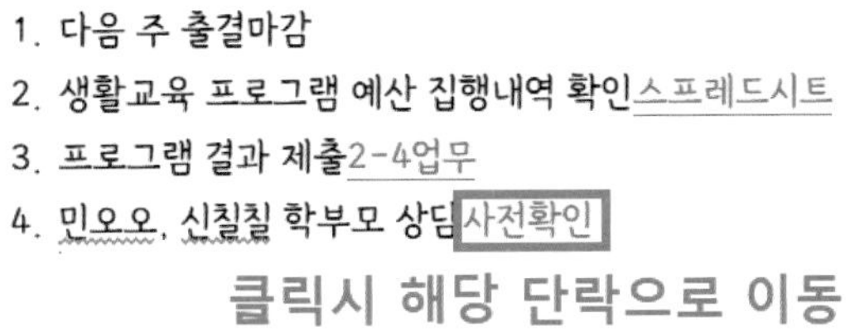

1. 다음 주 출결마감
2. 생활교육 프로그램 예산 집행내역 확인스프레드시트
3. 프로그램 결과 제출2-4업무
4. 민오오, 신칠칠 학부모 상담사전확인

클릭시 해당 단락으로 이동

[그림 2-2-22] 단락 링크 복사2

[그림 2-2-23] 단락 링크 복사3

파일 첨부

원노트에 파일을 첨부할 수 있는 형식은 크게 두 가지로 나뉩니다. 첫째는 원래 파일 형식 그대로 첨부하기(파일 첨부), 둘째는 파일의 내용을 그림 형식으로 첨부하여 내용을 보여주며 파일과 함께 첨부하기(파일 인쇄물)입니다. 내가 첨부하고자 하는 파일의 용도와 성격에 따라 적절한 첨부 기능을 이용하면, 보다 페이지를 알차게 꾸미고 활용할 수 있습니다.

먼저, 첫 번째 방법으로 파일 첨부하기입니다. [그림 2-2-24]의 과정을 통해 [그림 2-2-25]와 같이 원하는 위치에 파일을 첨부할 수 있습니다.

[그림 2-2-24] 파일 첨부1

[그림 2-2-25] 파일 첨부2

두 번째 방법은 파일 인쇄물 넣기입니다. [그림 2-2-26]의 과정을 통해 [그림 2-2-27]처럼 원하는 위치에 파일과 함께 파일의 인쇄본을 함께 첨부할 수 있습니다. 첨부한 파일을 캡처한 것처럼 내용을 함께 보여줍니다. 파일을 직접 열지 않아도 간단하게 파일 확인이 가능합니다.

[그림 2-2-26] 파일 인쇄물1

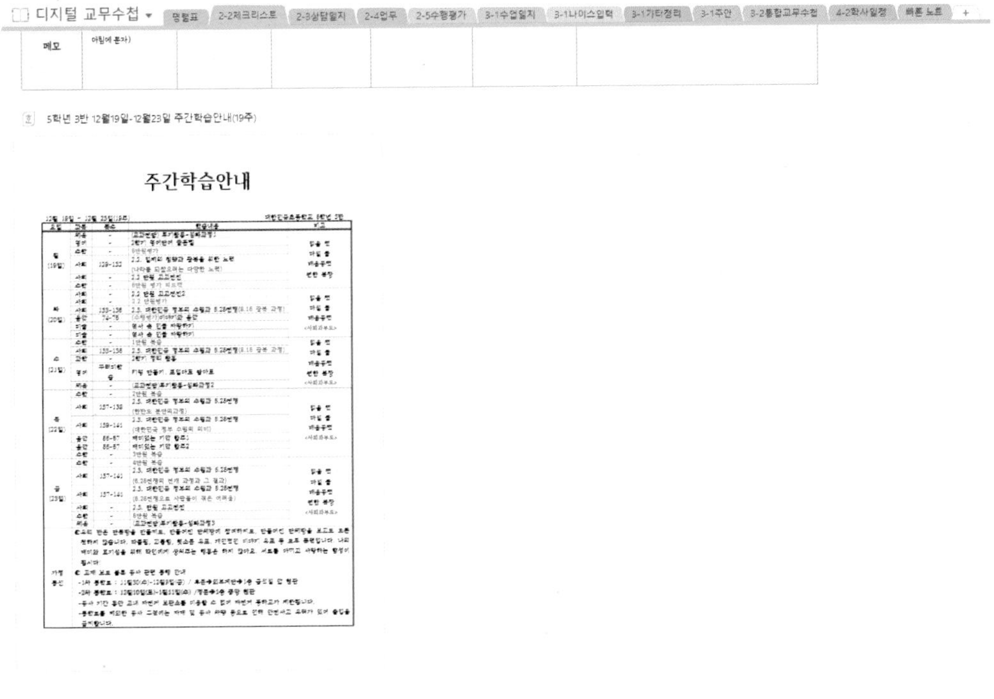

[그림 2-2-27] 파일 인쇄물2

TIP

첫 번째와 두 번째의 파일 첨부 기능은 원노트의 삽입 리본을 클릭하지 않고도 간단하게 실행할 수 있습니다. 직접 파일을 드래그하고 원하는 페이지의 위치에 드롭하면 됩니다. [그림 2-2-28]처럼 파일 삽입 창이 나타나는데, 파일 첨부(A)를 누르면 첫 번째 기능의 파일 첨부가 실행됩니다. 인쇄물 삽입(P)을 누르면 두 번째 기능의 파일 인쇄물 첨부 기능이 실행됩니다.

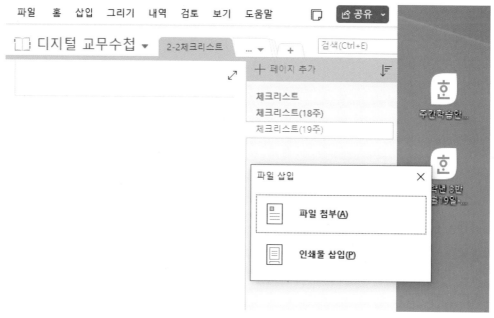

[그림 2-2-28] 파일 첨부 드래그&드롭

TIP

원노트에 파일을 삽입하는 것뿐만 아니라 원하는 외부 저장공간으로 원노트 파일을 드래그&드롭하여 간편하게 파일을 복사 및 다운로드할 수 있습니다.

TIP

첨부 가능한 단일 파일의 최대 용량은 100MB입니다.

TIP

원노트의 또 하나 큰 장점은 업로드한 파일의 수정 사항이 자동 반영되는 것입니다. 페이지에 첨부한 파일의 형식을 그대로 살려서 열람할 수 있을 뿐만 아니라 열람한 파일을 수정한 후 종료하면 해당 페이지의 첨부된 파일에 변경사항이 자동으로 저장됩니다. 이 서비스는 디지털 교무수첩에 날개를 달아주는 굉장히 유용한 기능입니다. 여러 공간에서의 업무 용이성을 높여주고, 수정 파일을 매번 백업해야 하는 수고로움을 덜어줍니다.

학교에서 업무를 하다 보면 매일 업무포탈에서 여러 개의 공문을 마주합니다. 이때 원노트를 활용하는 교사라면 보다 효과적으로 공문을 저장할 수 있습니다. 예를 들어 아래의 공문을 보겠습니다(본문은 가린 상태입니다).

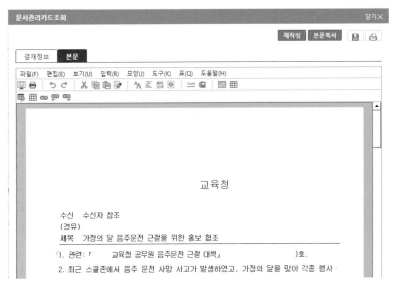

[그림 2-2-29] 공문 예시

위 공문의 본문 중 한 곳을 클릭하여 Ctrl+P를 누릅니다. 그러면 다음의 그림과 같은 화면이 나옵니다.

화면의 1번처럼 인쇄하고자 하는 원노트를 선택한 후 2번 인쇄를 누릅니다.

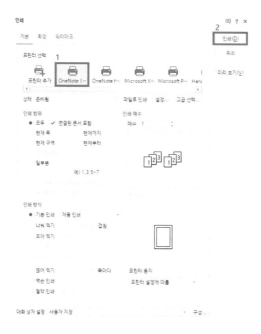

[그림 2-2-30] 인쇄하기

TIP

프린터 선택 시 OneNote for Windows 10이 아니라 OneNote(Desktop)를 선택해야 OneNote Microsoft 365(설치형)에 인쇄가 가능합니다.

그러면 아래와 같이 인쇄할 원노트의 섹션을 선택하는 창이 나옵니다.

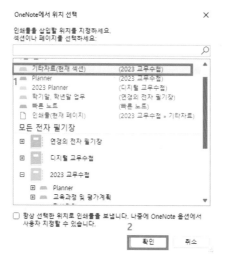

[그림 2-2-31] 섹션 선택하기

　그 후 원하는 섹션을 선택한 후 확인을 누르면 해당 공문의 본문이 섹션에 아래와 같이 인쇄물로 인쇄됩니다.

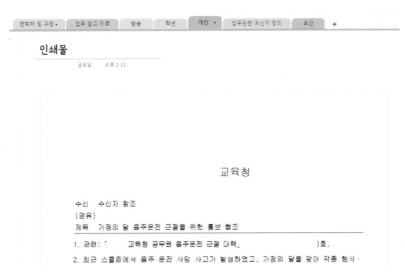

[그림 2-2-32] 공문 인쇄

　이 기능은 공문뿐만 아니라 문서 작업 프로그램에서도 같은 원리로 이용할 수 있습니다. 매일 확인해야 하는 공문의 본문을 원노트에 인쇄함으로써 업무 처리를 빠트리지 않고 할 수 있는 매우 유용한 기능입니다.

상담일지 제작하기

원노트를 이용하면 [그림 2-3-1]과 같이 상담일지를 효율적으로 기록 및 관리할 수 있습니다.

3월 상담일지

2022년 12월 21일 수요일   오후 8:43

날짜	분야	관련 학생/학부모	상담 내용 및 사후처리 내용	비고
3.2.	성적	김튼튼	수학성적이 오르지 않아 걱정이 많음. 따라서 수학과제물을 주는 것으로 해결함. 부모님과 상담 내용 공유함.	
3.10.	교우관계	김우정	친구들과의 사이에 문제가 있다고 상담함. 몇 년 전부터 갈등이 있었던 친구들과 같은 반이 되어 걱정이 많음. 유심히 관찰할 필요가 있어보임. 학년부장, 부모님과 상담 내용 공유함.	◉ 3.10.김우정

[그림 2-3-1] 상담일지

녹음

상담일지는 꼼꼼하게 기록하는 것도 중요하지만, 예민한 사항들도 많기에 정확하게 잘 정리해두어야 합니다. 원노트의 녹음 기능을 활용하여, 효율적으로 상담 기록을 관리할 수 있습니다. 녹음 기능 사용 방법은 다음과 같습니다. 만들어 놓은 상담일지에서 녹음 파일이 들어갈 위치를 클릭합니다. 이후 리본 메뉴의 '삽입-기록-오디오 녹음'을 클릭합니다.

파일
홈
삽입
1
그리기
내역
검토
보기
도움말
표
공백 삽입
표
파일 인쇄물
파일 첨부
스프레드 시트
화면 캡처
그림
온라인 비디오
링크
2
기록
비디오 녹화
날짜
삽입
표
파일
이미지
미디어
링크
기록(T)
3
오디오 녹음(U)
2022년 12월 30일 금요일
오후 7:29
상담일지

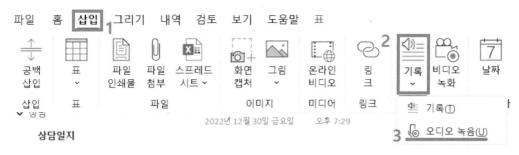

[그림 2-3-2] 녹음 삽입1

그러면 [그림 2-3-3]과 같은 아이콘이 지정한 위치에 생성됩니다.

3.10.김우정

[그림 2-3-3]
녹음 삽입2

TIP

파일 이름은 '녹음 아이콘 마우스 우클릭 > 이름 바꾸기'로 수정할 수 있습니다.

파일이 생성됨과 동시에 원노트 창에 녹음 중이라는 표시가 생성되며 녹음이 시작됩니다.

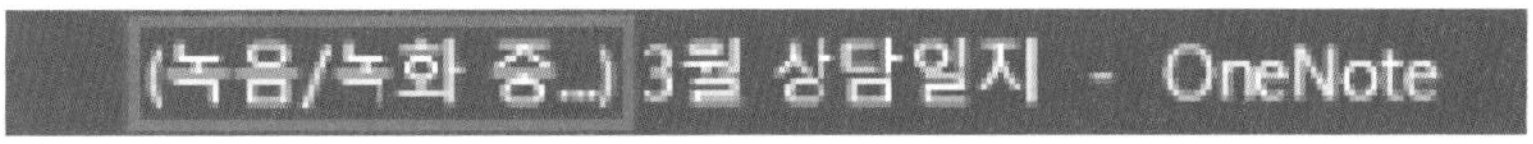
(녹음/녹화 중...) 3월 상담일지 - OneNote

[그림 2-3-4] 녹음 삽입3

녹음이 시작되면 [그림 2-3-5]와 같이 '재생'이라는 리본 메뉴가 생성됩니다.

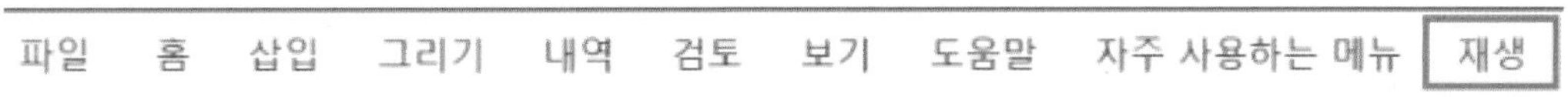
파일
홈
삽입
그리기
내역
검토
보기
도움말
자주 사용하는 메뉴
재생

[그림 2-3-5] 녹음 삽입4

녹음 중에는 [그림 2-3-6]과 같이 일시중지와 중지 버튼이 활성화됩니다. 학생과 상담을 끝내고 재생 리본 메뉴의 '중지'를 누르면 녹음이 멈추고 녹음 파일이 자동 저장됩니다. '일시 정지'를 누르면 녹음 중 일시적으로 녹음 정지를 실행합니다.

[그림 2-3-6] 녹음 삽입5

저장된 녹음 파일은 [그림 2-3-7]처럼 바로 재생이 가능합니다.

재생하고자 하는 녹음 파일 클릭 > '재생' 리본 메뉴 클릭 > 활성화된 '재생' 클릭

[그림 2-3-7] 녹음 삽입6

상담일지를 기록하다 보면 양이 방대해져 찾고자 하는 기록을 쉽게 찾기 어려울 수 있습니다. 이때 원노트의 '검색' 기능은 찾고자 하는 내용을 쉽게 찾도록 사용자를 도와줍니다. 원노트의 우측 상단을 보면 [그림 2-3-8]과 같은 검색창이 있습니다. 단축키 'Ctrl+E'로도 간편히 활용 가능합니다.

[그림 2-3-8] 검색1

검색창에 자신이 원하는 내용을 검색하면 그 내용이 적혀있는 페이지를 찾아줍니다. 예를 들어 '김튼튼'의 상담내역을 검색하고 싶은 경우 검색창에 '김튼튼'이라고 검색합니다. [그림 2-3-9]와 같이 검색 결과가 나옵니다.

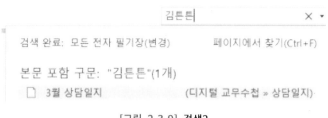

[그림 2-3-9] 검색2

　원노트 검색 기능은 검색 범위를 정하여서 사용할 수도 있습니다. [그림 2-3-10]에 표시된 돋보기 옆의 화살표 아이콘을 누르면 검색 범위를 선택할 수 있어 더 빠르고 정확한 검색이 가능합니다.

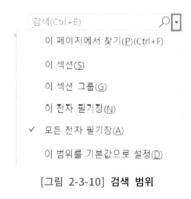

[그림 2-3-10] 검색 범위

TIP

검색 기능은 상담일지뿐만 아니라 원노트에 기록한 자료 검색 시 유용하게 사용할 수 있습니다.

암호 설정

　상담 내용, 평가 기록 등의 개인정보는 보안과 유출 방지에 신경 써야 합니다. 이때 원노트의 '암호 설정' 기능을 유용하게 사용할 수 있습니다. 암호는 섹션별 설정이 가능합니다.

암호화할 섹션 마우스 우클릭 > '이 섹션을 암호로 보호' 클릭 >
화면 우측에 생성된 바의 '암호 설정' 클릭 > 암호 입력 > '확인' 클릭

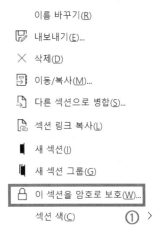

[그림 2-3-11] 암호 설정1

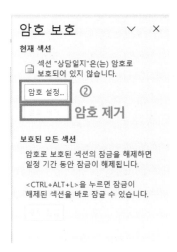

[그림 2-3-12] 암호 설정2

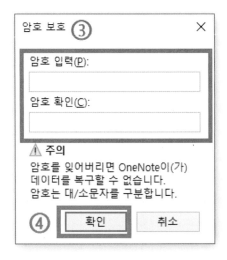

[그림 2-3-13] 암호 설정3

암호 설정 후, 암호를 제거하려면 [그림 2 - 3 - 12]의 '암호 제거'를 클릭하도록 합니다.

TIP

급히 자리를 비울 때는 Ctrl+Alt+L을 입력하여 해당 페이지 잠금을 하도록 합니다(Ctrl+Alt+L은 암호 설정 후 사용할 수 있습니다).

TIP

암호화된 섹션은 검색과 링크 연결이 불가능합니다. 검색과 링크 기능을 활용하기 위해서는 암호를 입력하여 암호화를 해제한 후에 가능합니다.

TIP

자주 이동하며 여러 컴퓨터에서 업무포털에 접속해야 하는 경우, 교육용 인증서를 압축하여 원노트에 업로드 후 해당 섹션을 암호로 보호하면 됩니다. 언제 어디서나 인증서를 이용하여 로그인할 수 있습니다. 또한, 재직증명서와 연수 이수증 등 여러 문서 등을 특정 섹션에 업로드한 후 암호로 보호하면 개인정보가 담긴 문서도 안전하고 편리하게 이용할 수 있습니다.

그림을 배경으로 설정

학교에서 공통으로 사용하는 상담일지 양식이 있는 경우에도 원노트에서 쉽게 활용할 수 있습니다.

해당 양식의 파일을 이미지 파일(확장자를 jpg나 png)로 저장 >
이미지 파일을 페이지에 삽입 및 크기 조정 > 삽입한 그림 파일 우클릭 >
'그림을 배경으로 설정' 클릭

만약, 그림 파일 자체를 원노트 페이지에 입력하고 글을 입력한다면 글상자를 선택하려다가 상담일지 틀(그림 파일)을 선택해 위치가 변경되는 등 번거로운 일이 발생할 수 있습니다. 그림 파일을 배경으로 설정하여 이러한 불편함 없이 상담 기록이 가능합니다. 특히, 태블릿 등을 이용해 손 필기로 상담을 기록하는 경우 해당 기능이 굉장히 유용합니다.

상담기록부

No.	상담일시	상담구분	내담자	상담자	상담내용 및 처리결과
1	3.16	학생상담	김튼튼	교사	김튼튼이 교우관계에 문제가 있어서 상담함.

[그림 2-3-14] 상담일지 양식에 기록

손 필기 텍스트화

손 필기로 상담일지를 작성하는 경우, 손 필기한 내용을 컴퓨터 텍스트로 변환할 수 있습니다.

그리기 리본 메뉴 > '올가미 선택' 클릭 > 텍스트로 바꿀 손 필기를 올가미로 묶기
> 묶인 영역 우클릭 > '잉크를 텍스트로' 클릭

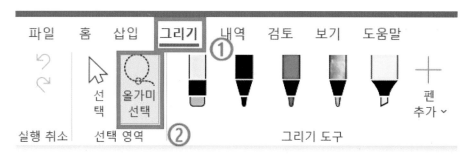

[그림 2-3-15] 텍스트화1

[그림 2-3-16]
텍스트화2

[그림 2-3-17]
텍스트화3

[그림 2-3-18] 텍스트화4

TIP

글씨가 원노트에서 인식하지 못하게 쓰인 경우 '잉크를 텍스트로' 기능 실행이 어려울 수 있습니다. 변환된 후 올바르게 변환되었는지 꼭 확인이 필요합니다.

받아쓰기

원노트로 상담일지를 기록할 때 '받아쓰기' 기능을 활용하면 더 신속하고 편리하게 상담일지를 기록할 수 있습니다. 받아쓰기 기능을 사용하면 마이크에 음성을 입력했을 때, 음성을 텍스트로 변환시킵니다.

[그림 2-3-19]와 같이 실행하면 곧바로 받아쓰기 기능이 활성화됩니다.

[그림 2-3-19] 받아쓰기1

[그림 2-3-20] 받아쓰기2   [그림 2-3-21] 받아쓰기3

페이지 우측 상단에 [그림 2-3-20]의 창이 생성되고 받아쓰기가 시작되었음을 알려줍니다. 이 상태에서 마이크에 음성을 입력하면 바로 음성이 텍스트로 변환되어 자동으로 입력됩니다. [그림 2-3-21]의 빨간 상자의 내용은 타이핑이 아니라 받아쓰기 기능을 활용하여 입력한 문장입니다. 받아쓰기 기능을 종료할 때는 [그림 2-3-20]에서 활성화된 보라색 아이콘을 클릭합니다. 받아쓰기는 상담뿐만 아니라 회의록 작성에도 유용하게 활용할 수 있습니다.

> **TIP**
>
> 받아쓰기 기능은 텍스트화될 때 문장 부호가 삽입되지 않습니다.

> **TIP**
>
> Office 2021에서 지원하는 원노트는 Microsoft 365(실습형) 원노트와 거의 모든 기능이 유사하나, 받아쓰기 기능은 지원하지 않습니다.

날짜 및 시간 입력

상담일지 작성 시 기록 일시를 입력하는 경우가 있습니다. 이때 단축키를 이용하면 오늘 날짜나 시간을 정확하고 빠르게 기록할 수 있습니다. 세 가지 종류가 있는데, 오늘 날짜 입력[Alt＋Shift＋D], 현재 시간 입력[Alt＋Shift＋T], 오늘 날짜 및 현재 시간 입력

[Alt＋Shift＋F]입니다. 이 기능은 페이지뿐만 아니라 페이지의 제목에도 적용이 가능합니다. 아래 [그림 2－3－22]처럼 상담일지 작성 시 페이지의 제목과 페이지 내부에 오늘 날짜나 시간 입력 단축키를 활용할 수 있습니다. 또 상담일지뿐 아니라, 일일 학급일지, 보고서, 회의록 등 날짜나 시간을 입력할 때 유용하게 쓰입니다.

[그림 2-3-22] 날짜 및 시간 입력
단축키

TIP

Mac에서는 날짜 입력은 cmd+D, 날짜와 시간 입력은 shift+cmd+D입니다. 더 다양한 원노트 단축키 정리는 부록 2를 살펴봐 주세요.

2-4   업무 정리하기

학교에서 업무를 하다 보면 굉장히 다양한 양식의 문서와 엄청난 수의 파일을 이용하게 됩니다. 수합 및 제출용 양식도 어마어마하게 많습니다. 업무에 더불어 학급경영, 수업 준비까지 하다 보면 정리가 되지 않아 상황이 복잡하게 느껴지고 스트레스가 유발됩니다. 원노트를 통해 깔끔하고 효율적으로 업무를 정리해봅시다. 제시하는 방법은 예시일 뿐이며, 개인의 성향과 업무 성격에 따라 스타일을 만들어 원노트를 적극 활용하면 좋겠습니다.

필자는 파일들을 분류할 때 담당업무, 학급경영, 알림장, 수업 및 평가, 제출 및 통계 등으로 카테고리를 만들어 분류합니다. 알림장과 수업 및 평가 관련 업무는 자주 사용하는 문서들이 많기에 섹션으로 따로 생성하여 정리할 수도 있습니다. 업무 섹션에서 각 카테고리별로 페이지를 생성해 봅시다.

[그림 2-4-1]을 봅시다. 담당업무는 여러 가지가 있기에 성격에 따라 하위 페이지를 생성하여 '부서업무, 학년업무, 기타 업무' 등의 제목을 정합니다. 필요에 따라 다른 페이지들에도 하위 페이지를 설정합니다. 부서업무의 경우 하위 업무가 여러 개이고, 관련 파일들이 많기에 각 업무별로 '공문'과 '제출'의 하위 페이지를 한 번 더 생성했습니다.

∨ **담당업무**

　　진로

　　부서업무

　　　글쓰기 / 품의

　　　통일교육(공문)

　　　통일교육(제출)

　　　인권교육(공문)

　　　인권교육(제출)

　　　다문화교육(공문)

　　　다문화교육(제출)

　　학년업무

　　기타 업무

　학급경영

　알림장

　제출 및 통계

[그림 2-4-1] 업무 카테고리

　담당업무 페이지의 경우 이미 하위 페이지에 업무별로 세세한 분류 및 정리를 했기 때문에 업무 전반적으로 확인할 사항이나, 자주 보는 파일들을 모아 정리했습니다. 2−1장에서 다룬 글머리기호 또는 태그 기능을 적절히 활용하면 깔끔하게 관리가 가능합니다.

담당업무

2022년 12월 23일 금요일   오전 6:31

| 이번 주에 할 일
☐ 12월 교육과정 계획 제출
☐ 프로젝트 예산 잔액 확인

| 수시 확인

[ㅎ]
예산

[ㅎ]
일정표

[그림 2-4-2] 담당업무 페이지

담당업무의 중 부서업무의 페이지를 살펴봅시다. [그림 2-4-3]에서 하위 업무의 성격별로 모아서 분류했습니다. '연결' 기능을 이용하여 [그림 2-4-1]에서 각 하위 업무별로 생성한 공문 및 제출용 하위 페이지로 바로 이동할 수 있도록 했습니다. 그리고 주요 확인 사항이나 메모 등을 기록하고 자주 보는 문서들을 함께 모아놓았습니다. 이러한 항목들을 직관적으로 볼 수 있도록 각 하위 업무별로 태그 기능을 이용해 정리했습니다. 또, [그림 2-4-4]의 도형 그리기 기능을 이용해 하위 업무들이 한눈에 구분되도록 사각형을 그려 넣었습니다.

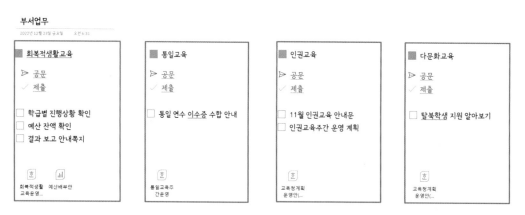

[그림 2-4-3] 부서업무 페이지1

[그림 2-4-4] 부서업무 페이지2

> **TIP**
>
> 각 텍스트와 파일 등을 반듯하게 배열하면 더 깔끔하고 보기 좋겠죠. 이때, 노트 선이나 눈금선을 활용하면 배열이 조금 더 쉬워집니다. [그림 2-4-5]의 순서에 따르면 [그림 2-4-6]처럼 나타나 배열이 편리해집니다. 노트 선이나 눈금선의 색상도 정할 수 있기에 필요에 따라 노트 느낌으로 사용해도 좋습니다.

'그리기' 리본 메뉴 클릭 > 편집 탭의 '배경 서식' 클릭 > 필요한 노트 선이나 눈금선 클릭

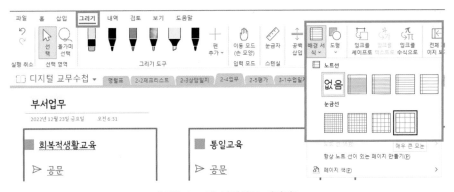

[그림 2-4-5] 부서업무 페이지3

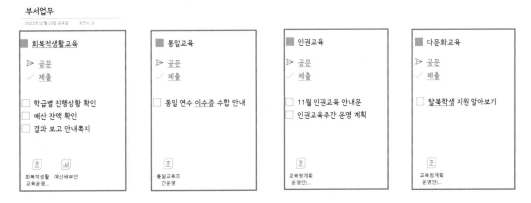

[그림 2-4-6] 부서업무 페이지4

담당업무 중 학년업무의 페이지를 살펴봅시다. [그림 2-4-7]에서 보이듯 부서업무 페이지와 다르게 하위 업무별로 배경을 넣어 정리해보았습니다. 이 방법 역시 직관적이고 깔끔하게 정리가 가능합니다. 먼저, 각 하위 업무명(학습준비물, 학년별 취합)을 텍스트로 입력 후 항목별로 구분하여 볼 수 있도록 태그 기능을 이용해 별표 표시를 했습니다. 그리고 [그림 2-4-8]처럼 표를 만들어 각 칸에 파일을 삽입하고 표에 음영을 넣었습니다. 그 후 [그림 2-4-9]의 순서로 표 테두리 숨기기 기능을 활성화했습니다. 표를 이용하여 파일을 정리하면 배열을 맞추기가 더 쉽습니다. 취향에 따라 표 테두리를 그대로 두어 교무수첩을 정리해도 좋습니다.

[그림 2-4-7] 학년업무 페이지1

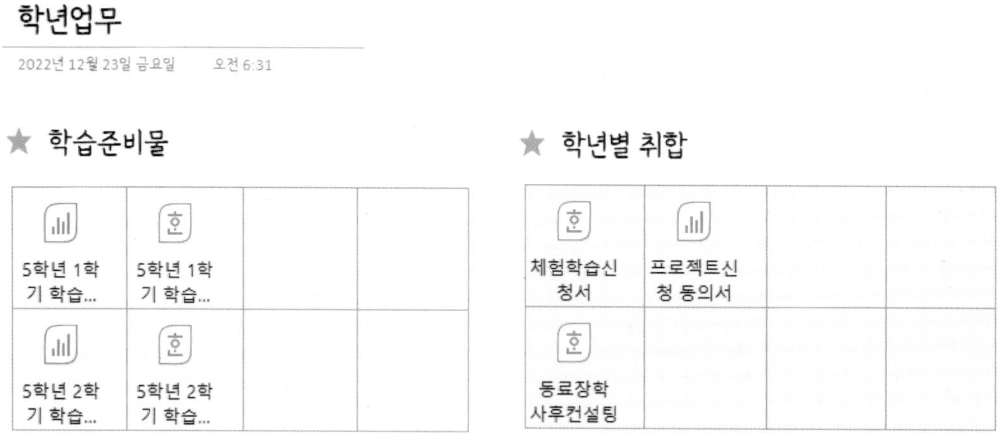

[그림 2-4-8] 학년업무 페이지2

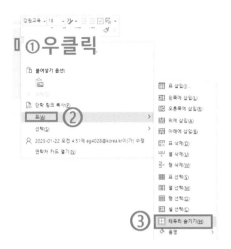

[그림 2-4-9] 표 테두리 숨기기

계산

업무를 하다 보면 계산이 필요한 경우가 있습니다. 원노트 페이지 내에서도 간단한 수식 계산이 가능합니다. 사칙연산은 식을 입력하면 자동으로 계산이 됩니다. [그림 2-4-10] 처럼 수식과 '='을 입력하고 엔터를 누르면 [그림 2-4-11]의 결과가 나옵니다.

계산
26800*117=

수식 입력 후 엔터

계산
26800*117=3135600

[그림 2-4-10] 수식1   [그림 2-4-11] 수식2

간단한 사칙연산 계산 외에도 몇 가지 함수도 가능합니다.

ABS(숫자): 절대값을 반환한다   SIN(숫자): 사인값을 반환한다

COS(숫자): 코사인 값을 반환한다   TAN(숫자): 탄젠트 값을 반환한다

DEG(숫자): 라디안 단위의 각도 값을 반환한다   MOD(숫자): 나머지를 반환한다

PI: 파이 상수값을 반환한다   SQRT(숫자): 양의 제곱근을 반환한다

TIP

2-3장에서 다뤘듯이 원노트의 녹음, 녹화, 검색, 받아쓰기 기능 등을 이용해 효율적이고 편리하게 업무를 관리하고 수행할 수 있습니다. 회의 녹음 및 녹화, 회의 받아쓰기 등으로 활용하면 굉장히 유용합니다.

수행평가 정리하기

 학기 말이 되면 선생님들에게 가장 큰 고민거리 중 하나가 되는 것이 바로 '수행평가'입니다. 평가 기준안이나 수행평가지, 평가 결과 등이 과목별로, 시기별로 여기저기 흩어져 있으면 성적을 입력할 때 매우 힘이 듭니다. 앞서 배운 기능들을 활용하여 평가 관련 문서들을 체계적으로 관리해봅시다.

 먼저, 다양한 과목을 평가하는 초등 담임 선생님의 경우 [그림 2-5-1]과 같이 정리할 수 있습니다. 페이지에 각 과목명으로 텍스트를 작성한 후 각 과목 아래에 평가기준안, 평가 결과 등 관련 파일을 삽입하여 정리합니다. 필요에 따라 태그 기능 활용하여 직관적이면서도 깔끔하게 관리할 수 있습니다. 예를 들어 완료된 평가 단원에 체크를 하면 평가 진행 상황을 확인하고 앞으로 평가 계획에 어떻게 반영할지 빠르게 확인하고 정리할 수 있습니다.

[그림 2-5-1] 수행평가 정리하기1

> **TIP**
>
> 2-2장에서 배웠듯이, 열람한 파일을 수정한 후 종료하면 첨부된 파일의 변경사항이 자동 저장됩니다.

　한 과목에 대해 여러 학급의 학생들을 평가하는 중등교사와 초등 전담교사의 경우, [그림 2−5−2]와 같이 정리할 수 있습니다. 상단에 평가계획서 및 평가지를 삽입하고, 하단에 각 학급명으로 텍스트를 입력한 후 급별로 평가 결과지를 첨부합니다. 결과지는 원노트 자체 표 기능으로도 대체할 수 있습니다. 마찬가지로 태그 기능으로 수행평가 완료 여부를 표시해도 됩니다.

[그림 2-5-2] 수행평가 정리하기2

　[그림 2−5−1]과 [그림 2−5−2]에서처럼 텍스트에 음영을 넣는 대신, [그리기] 리본 메뉴의 도구 탭에서 형광펜을 선택하여 텍스트를 강조하거나 꾸밀 수도 있습니다. [그림 2−5−3]의 과정을 통해 [그림 2−5−4]처럼 정리할 수 있습니다.

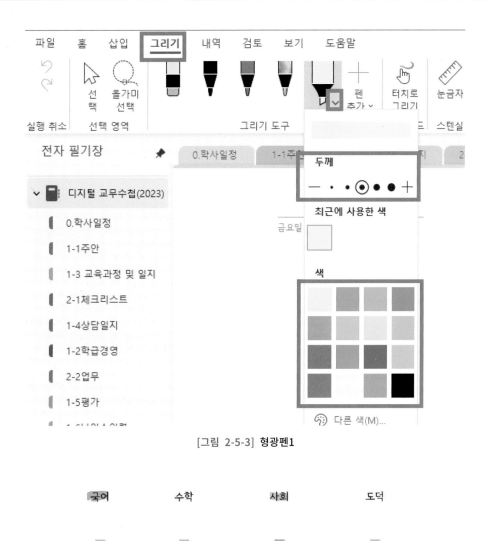

[그림 2-5-3] 형광펜1

[그림 2-5-4] 형광펜2

평가지 및 평가 결과는 담당 교사 외에는 비공개이므로 2-3장에서 배운 암호 설정을 추천합니다.

OneNote

3 ─ 1   원노트로 수업 준비하기

3-1-1 **수업일지 만들기**

원노트를 이용하면 수업일지를 효율적으로 만들 수 있습니다. 2장에서 배운 표 만들기와 연결 기능을 활용하여 수업일지를 만들어 보았습니다. 비고란의 파란 글씨가 연결 기능을 활용한 경우로, 예를 들어 '티셀파 사회(1단원 1차시)'를 클릭하면 웹사이트로 연결해줍니다. 또한 '배움공책 정리'를 클릭하면 원노트 내의 페이지로 연결되도록 설정하였습니다. 연결 기능을 활용하면 다른 페이지로 쉽게 접근할 수 있는 효과적인 디지털 교무수첩을 만들 수 있습니다. 그리고 다른 페이지뿐 아니라 다른 전자 필기장의 페이지, 웹사이트와도 연결할 수 있어 활용성이 넓은 교무수첩을 만들 수 있습니다.

3월 첫째주
2022년 12월 7일 수요일   오후 4:38

날짜	차시	수업 내용	비고
2023-03-02	1. 사회 수업 OT 및 1단원 1차시 (4학년)	-도입: 교사 소개 및 주의사항 안내 -활동1: 단원 도입 + 주제 도입 -활동2: 우리반 그림지도 만들기	티셀파 사회(1단원 1차시)
2023-03-03	1. 사회 1단원 2차시 (4학년)	-도입: 지도가 필요한 이유 -활동1: 항공사진, 그림, 지도 비교 (배움공책 정리) -활동2: 지도의 기본요소 -활동3: 대동여지도 알아보기	티셀파 사회(1단원 2차시) 해적선장의 보물지도(도입) 배움공책 정리 대동여지도
2023-03-04	1. 사회 1단원 3차시 (4학년)	-도입: 방위 없는 일상생활 -활동1: 방위란?(배움공책 정리) -활동2: 방위보고 지도에서 위치 파악하기 -활동3: 우리반에서 내 위치 표현하기	티셀파 사회(1단원 3차시) 배움공책 정리+활동3
2023-03-05	1. 사회 1단원 4차시 (4학년)	-도입: 기호&범례 없는 지도(엇갈린 만남) -활동1: 기호&범례란?(배움공책 정리) -활동2: 지도에서 정보 읽기 -활동3: 우리반 친구들의 위치를 기호로 표시	티셀파 사회(1단원 4차시) 엇갈린 만남 배움공책 정리+활동3
2022-03-06	1. 사회 1단원 5차시 (4학년)	-도입: 축척 없는 지도 -활동1: 축척이란?(배움공책 정리)	티셀파 사회(1단원 5차시) 배움공책 정리+활동3

[그림 3-1-1] 수업일지

그리고 수업을 진행하다가 특정 내용을 심화학습해야 하거나, 진도를 나가지 못한 경우 아래와 같이 해당 내용을 음영 처리하여 쉽게 기억할 수 있습니다.

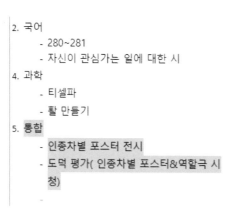

[그림 3-1-2] 음영 처리 예시

인쇄하기

출력할 페이지를 연 뒤, 리본 메뉴 중 파일을 클릭한 다음, 인쇄를 클릭합니다.

[그림 3-1-3] 인쇄하기1

[그림 3-1-4] 인쇄하기2

[그림 3-1-5]의 인쇄 클릭 후 인쇄할 프린터를 선택하고, 페이지 범위와 매수를 선택한 뒤 인쇄를 클릭하면 원노트 페이지를 출력할 수 있습니다. 참고로 [그림 3-1-5]의 1번 인쇄 아래의 '인쇄 미리 보기'는 출력될 페이지를 미리 확인하는 기능을 합니다. 또한 [그림 3-1-6]에서 'Hancom PDF'를 선택 후 인쇄를 클릭하면 프린터에서 인쇄되는 것이 아니라, 해당 페이지가 PDF로 저장됩니다.

인쇄 〉 일반(프린터 선택) 〉 페이지 범위 〉 매수 〉 인쇄

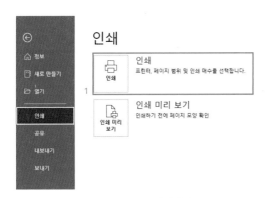

[그림 3-1-5] 인쇄하기3

[그림 3-1-6] 인쇄하기4

PDF로 내보내기

PDF로 내보낼 페이지를 연 뒤, 리본 메뉴 중 '파일'을 클릭한 뒤, 내보내기를 클릭합니다.

[그림 3-1-7] PDF 출력1

[그림 3-1-8] PDF 출력2

그러면 [그림 3-1-9]와 같은 화면이 나옵니다. 먼저 현재 페이지, 섹션, 전자 필기장 중 어떠한 항목을 PDF로 내보낼지 선택합니다. 그 후 2번에서 PDF를 클릭합니다. 마지막 으로 내보내기를 클릭하면 설정한 페이지나 섹션 혹은 전자 필기장이 PDF 파일로 만들어 집니다.

[그림 3-1-9] PDF 출력3

> **TIP**
>
> 내보내기 기능을 통해 PDF뿐 아니라, [그림 3-1-9]의 '서식 선택'에서 다른 항목을 클릭하면 원노트 형식(.one), 워드 형식(.docx) 등 다양한 형태로 원노트 페이지, 섹션, 전자 필기장 등을 저장할 수 있습니다.

태그 사용자 지정

수업일지를 만들다 보면 준비물을 챙겨야 하는 일이 있을 것입니다. 그럴 때 한눈에 준비물을 알 수 있는 방법은 없을까요? 태그 사용자 지정 기능을 사용하면 그 부분을 해결할 수 있습니다.

[그림 3-1-10] 태그 만들기1

위의 예시를 보면 저는 파란 동그라미 태그와 분홍 글씨와 형광펜 효과를 이용하여 준비물을 구분하였습니다. 태그를 넣는 방법은 앞서 배운 대로 하면 됩니다. 다만 원노트에는 준비물 태그가 없으니 태그를 새로 만들어야 합니다.

우선 아래의 그림과 같이 ① '홈'의 태그 메뉴에서 ② 자세히 보기를 클릭합니다.

[그림 3-1-11] 태그 만들기2

그러면 기존에는 보이지 않던 여러 가지 태그들이 나오는데 가장 밑에 '태그 사용자 지정'을 클릭 후 '새 태그'를 클릭합니다.

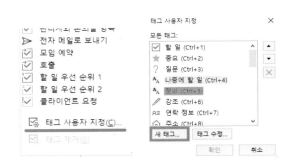

[그림 3-1-12] 태그 만들기3

[그림 3-1-13] 태그 만들기4

[그림 3-1-14] 태그 만들기5

그림 위와 같은 화면이 나옵니다.

① '표시 이름'은 만들고자 하는 태그의 이름입니다. 원하는 태그의 이름을 입력하면 됩니다.

② '기호'는 만들고자 하는 태그의 기호를 선택하는 기능입니다. 여러 개의 기호 중 마음에 드는 기호로 선택하면 됩니다.

③ '글꼴 색'은 태그 이름의 색을 말합니다. 오른쪽 예시처럼 분홍색을 선택하면 태그 이름이 분홍색으로 설정됩니다.

④ '강조 색'은 형광펜의 기능입니다. 저는 초록색 형광펜처럼 태그를 만들었습니다.

위의 방법대로 원하는 태그를 만들어 한눈에 들어오는 디지털 교무수첩을 만들 수 있습니다.

태그 요약

중등교사나 초등 전담 교사들은 다양한 반과 함께 수업을 진행하기 때문에 여러 개의 준비물이 생길 수 있습니다. 그 경우 준비물만 따로 요약 페이지를 만들어 한눈에 준비물 태그를 볼 수 있습니다.

먼저 아래의 그림처럼 리본 메뉴 중 '홈'을 클릭한 후, 태그 메뉴의 '태그 찾기'를 선택합니다.

[그림 3-1-15] 태그 요약 페이지1

그러면 다음과 같은 화면이 나오는데 '태그 그룹화 기준' 부분을 다르게 선택할 수 있습니다.

[그림 3-1-16]처럼 '태그 이름'으로 그룹화 기준을 선택하면 준비물/중요/할 일과 같이 태그의 이름대로 그룹화가 됩니다.

[그림 3-1-17]처럼 '구역'으로 그룹화 기준을 선택하면 수업 일지/수업 자료와 같이 해당 태그가 위치해있는 섹션의 이름대로 그룹화가 됩니다. 태그 그룹화 기준을 선택한 후 아래로 내려가면 태그 요약 페이지를 만들 수 있는 [그림 3-1-18]이 있습니다.

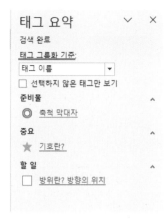

[그림 3-1-16] 태그 요약 페이지2

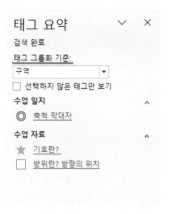

[그림 3-1-17] 태그 요약 페이지3

[그림 3-1-18] 태그 요약 페이지4

[그림 3-1-18]의 자세한 설명은 다음과 같습니다.

①은 태그 요약 페이지를 만들 때 검색의 범위를 말합니다. 그림은 이 전자 필기장 내에 있는 태그들을 검색하도록 설정되어 있습니다. 해당 페이지, 섹션, 다른 전자 필기장 등 다양한 범위를 설정할 수 있습니다.

②는 태그를 검색한 결과를 새로 고쳐 보여주는 기능입니다. F5와 유사하다고 볼 수 있습니다.

③을 클릭하면 태그만을 요약한 페이지가 생성됩니다.

④는 나의 태그들을 살펴볼 수 있는 참고항목이라고 생각하면 됩니다.

위의 예시대로 태그 요약 페이지를 만들면 다음과 같이 요약 페이지가 만들어집니다.

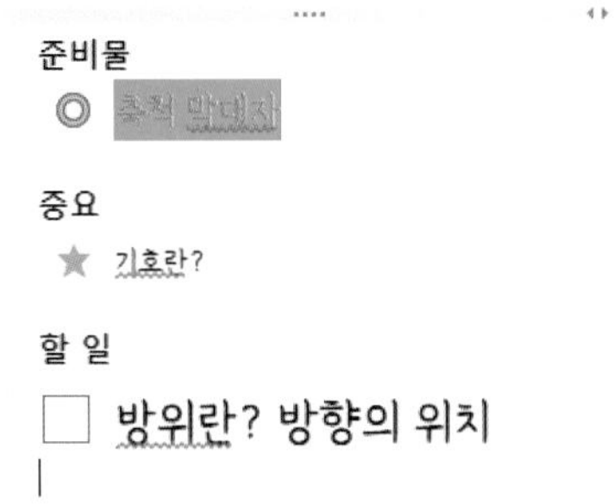

[그림 3-1-19] 태그 요약 페이지5

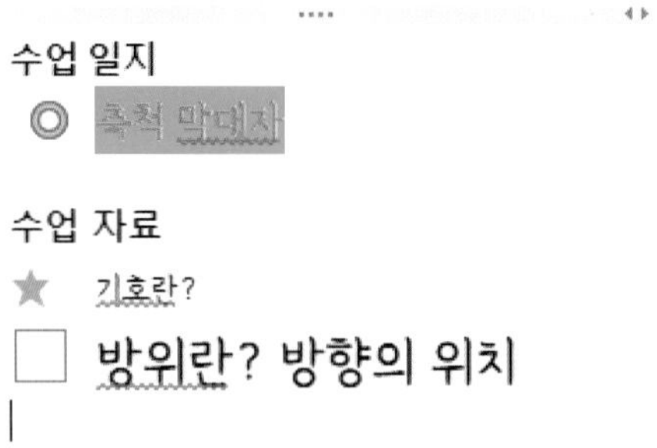

[그림 3-1-20] 태그 요약 페이지6

[그림 3-1-19]는 태그 그룹화 기준을 태그 이름으로, [그림 3-1-20]은 구역으로 만들었을 때입니다. 이처럼 자신이 원하는 대로 태그만을 모아서 볼 수 있는 태그 요약 페이지를 잘 활용하시기 바랍니다.

> **TIP**
>
> 담임교사의 경우 아래와 같이 수업일지를 요일별로 항목화하여 활용할 수도 있습니다. 자신의 기호에 맞게 원하는 대로 수정하여 활용할 수 있습니다.

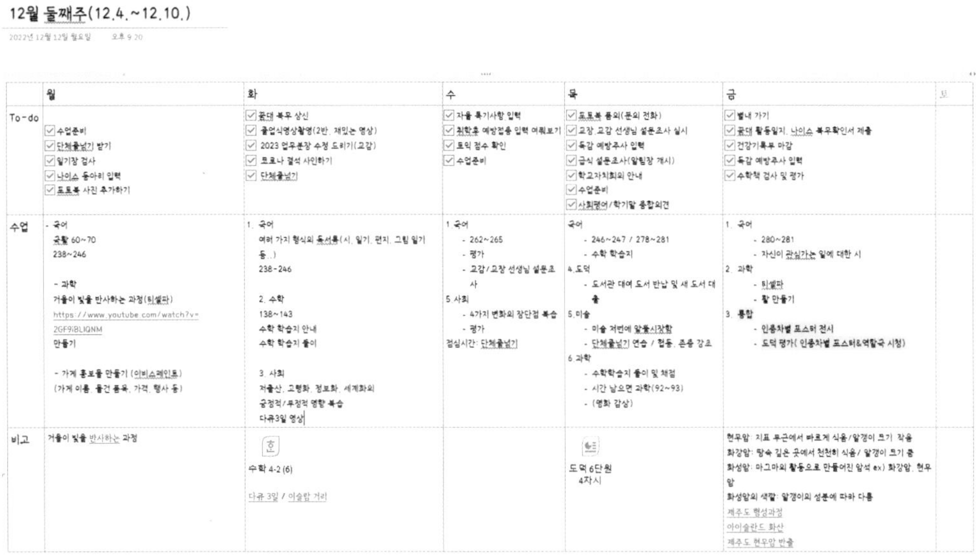

12월 둘째주(12.4.~12.10.)

2022년 12월 12일 월요일 오후 9:20

	월	화	수	목	금	토
To-do	☑ 수업준비 ☑ 단체줄넘기 받기 ☑ 일기장 검사 ☑ 나이스 동아리 입력 ☑ 도토북 사진 추가하기	☑ 꿈대 복무 상신 ☑ 졸업식영상촬영(2반, 재있는 영상) ☑ 2023 업무분장 수정 드리기(교감) ☑ 코로나 결석 사인하기 ☑ 단체줄넘기	☑ 자율 특기사항 입력 ☑ 취학후 예방접종 입력 여쭤보기 ☑ 토익 점수 확인 ☑ 수업준비	☑ 도토북 품의(문의 전화) ☑ 교장, 교감 선생님 설문조사 실시 ☑ 독감 예방주사 입력 ☑ 급식 설문조사(알림장 게시) ☑ 학교자치회의 안내 ☑ 수업준비 ☑ 사회평어/학기말 종합의견	☑ 별내 가기 ☑ 꿈대 활동일지, 나이스 복무확인서 제출 ☑ 건강기록부 마감 ☑ 독감 예방주사 입력 ☑ 수학책 검사 및 평가	
수업	- 국어 국활 60~70 238~246 - 과학 거울이 빛을 반사하는 과정(티셀파) https://www.youtube.com/watch?v=2GF9iBLIQNM 만들기 - 가게 홍보물 만들기 (이비스페인트) (가게 이름, 물건 품목, 가격, 행사 등)	1. 국어 여러 가지 형식의 독서록(시, 일기, 편지, 그림 일기 등..) 238-246 2. 수학 138~143 수학 학습지 안내 수학 학습지 풀이 3. 사회 저출산, 고령화, 정보화, 세계화의 긍정적/부정적 영향 복습 다큐3일 영상	1. 국어 - 262~265 - 평가 - 교감/교장 선생님 설문조사 5. 사회 - 4가지 변화의 장단점 복습 - 평가 점심시간: 단체줄넘기	국어 - 246~247 / 278~281 - 수학 학습지 4. 도덕 - 도서관 대여 도서 반납 및 새 도서 대출 5. 미술 - 미술 저번에 알룰시장학 - 단체줄넘기 연습 / 협동, 존중 강조 6. 과학 - 수학학습지 풀이 및 채점 - 시간 남으면 과학(92~93) - (영화 감상)	1. 국어 - 280~281 - 자신이 관심가는 일에 대한 시 2. 과학 - 티셀파 - 활 만들기 3. 통합 - 인종차별 포스터 전시 - 도덕 평가(인종차별 포스터&역할극 시청)	
비고	거울이 빛을 반사하는 과정	수학 4-2 (6) 다큐 3일 / 이슬람 거리		도덕 6단원 4차시	현무암: 지표 부근에서 빠르게 식음/알갱이 크기 작음 화강암: 땅속 깊은 곳에서 천천히 식음/ 알갱이 크기 큼 화성암: 마그마의 활동으로 만들어진 암석 ex) 화강암, 현무암 화성암의 색깔: 알갱이의 성분에 따라 다름 제주도 형성과정 아이슬란드 화산 제주도 현무암 반출	

[그림 3-1-21] 요일별 수업일지

3-1-2 수업 자료 정리하기

원노트로 교무수첩을 만들면 종이 교무수첩과는 다르게 유용한 수업 자료를 모을 수 있습니다. 예를 들어 아래와 같이 과목별로 수업 자료를 정리할 수 있습니다.

[그림 3-1-22] 과목별 수업 섹션

이렇게 과목별로 섹션을 만들고, [그림 3−1−23]과 같이 페이지로 단원을 세분화하여 수업 자료를 정리할 수 있습니다.

[그림 3-1-23]
단원별 페이지

혹은 [그림 3−1−24]와 같이 데이터의 성격대로 페이지를 세분화하여 수업 자료를 정리할 수도 있습니다.

[그림 3-1-24]
형식별 페이지

원노트는 수업 자료 정리와 같이 개인적 특성이 있는 것을 원하는 대로 편집하여 맞춤형 교무수첩을 만들어 활용할 수 있게 해줍니다.

> **TIP**
>
> 방대한 양의 데이터를 모두 기억하기 어려우니 검색(Ctrl+E)으로 자료를 검색할 수 있습니다.

웹 클리퍼

수업 자료를 정리할 때 하나의 웹페이지를 모두 캡처하거나 일정한 영역만 따로 저장해야 하는 경우 등이 있을 수 있습니다. 그때 원노트는 사용자에게 편리한 기능을 제공합니다. 바로 '원노트 웹 클리퍼'입니다.

원노트 웹 클리퍼는 크롬에서만 실행이 가능합니다. 먼저 크롬 브라우저를 켜고 크롬 웹 스토어로 이동합니다.

[그림 3-1-25] 크롬 웹스토어1

크롬 웹스토어에서 'OneNote Web Clipper'를 검색합니다. 그 후 크롬 브라우저에 추가하면 됩니다.

[그림 3-1-26] 크롬 웹스토어2

그러면 자신의 크롬 브라우저에 'OneNote Web Clipper'가 추가되어 언제든지 크롬을 통해 실행할 수 있습니다. 웹 클리퍼를 실행할 때는 아래 그림과 같이 크롬 우측 상단의 퍼즐 모양의 버튼을 클릭한 뒤 OneNote Web Clipper를 클릭합니다.

[그림 3-1-27] 크롬 우측 상단1

[그림 3-1-28] 크롬 우측 상단2

'OneNote Web Clipper'는 세 가지 방법으로 크롬 브라우저의 정보를 원노트로 가져올 수 있습니다. 미술 수업 자료를 정리하는 것을 예시로, 웹 클리퍼 사용 방법 세 가지를 순서대로 살펴보도록 하겠습니다.

1) 전체 페이지

해당 크롬 브라우저의 전체 페이지를 모두 원노트로 가져올 수 있습니다. 아래와 같이 '전체 페이지 – 위치 – 클립'을 클릭하면 됩니다.

전체 페이지 클릭 > 위치 클릭 > 클립 클릭

[그림 3-1-29] 전체 페이지

위치는 내가 클립을 진행할 원노트의 페이지입니다. 아래 그림처럼 직접 설정한 위치에 클립을 옮겨둘 수도 있습니다.

[그림 3-1-30] 클립 위치

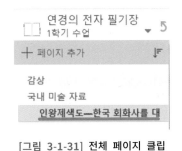

[그림 3-1-31] 전체 페이지 클립

이후 클립을 클릭하면 지정한 위치에 새로운 페이지가 생성되어 크롬 브라우저의 전체 페이지가 클립됩니다.

[그림 3-1-32] 전체 페이지, 출처: 국립중앙박물관(https://www.museum.go.kr/) 사이트

2) 영역

또한 전체 페이지가 아닌 크롬 브라우저의 특정 영역만 클립할 수 있습니다. 미술 과목에서 여러 가지 예시 작품을 수집하는 경우 자주 사용할 수 있는 방법입니다. 아래와 같이 '영역-위치-클립'을 클릭하면 됩니다. '클립'을 클릭하면 [그림 3-1-34]가 나옵니다. 이때 크롬 브라우저의 원하는 부분을 드래그해서 지정해주면 됩니다.

영역 클릭 〉 위치 클릭 〉 원하는 부분 드래그

[그림 3-1-33] 영역1

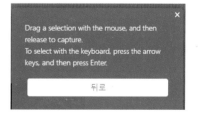

[그림 3-1-34] 영역2

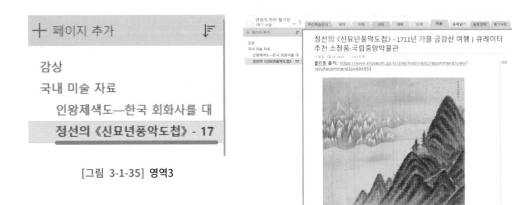

[그림 3-1-35] 영역3

[그림 3-1-36] 영역4,
출처: 국립중앙박물관(https://www.museum.go.kr/) 사이트

위처럼 원하는 영역만 따로 클립할 수도 있지만 기사만 클립할 수도 있습니다.

3) 기사

위의 방법과 동일하게 '기사 – 위치 – 클립'의 순서대로 진행하면 됩니다. 그러면 아래와
같이 기사의 모든 부분이 페이지로 옮겨집니다. 사회나 과학 시간에 최신정보가 필요한 경
우 유용하게 쓰일 기능입니다.

[그림 3-1-37] 기사

원하는 기사 클릭 > 원하는 위치 지정 > 클립 클릭

4) 책갈피

마지막으로 책갈피의 형식으로 클립을 진행할 수도 있습니다. 책의 원하는 부분을 다시 펼쳐볼 수 있게 하듯이, 책갈피 클립핑은 해당 페이지의 링크를 옮겨놓아서 클릭하면 바로 크롬 브라우저로 이동시켜 줍니다. 다양한 미술 자료가 있는 페이지에서 해당 페이지를 모두 다 사용하고 싶은 경우 편리하게 사용할 수 있는 기능입니다. '책갈피 – 위치 – 클립' 순서대로 진행합니다.

책갈피 클릭 > 원하는 위치 지정 > 클립 클릭

[그림 3-1-38] 책갈피, 출처: 국립중앙박물관 (https://www.museum.go.kr/) 사이트

> **TIP**
>
> 뉴스 기사, 인터넷 사이트 등 수업에 유용한 자료들을 쉽게 모을 수 있습니다. 음악 악보, 사회 관련 지도 등 교과서에 부족하지만 인터넷에 많이 있는 다양한 자료들을 클리핑할 수 있습니다.

> **TIP**
>
> 유튜브 영상 역시 클리핑이 가능합니다. 앞서 설명한 전체 페이지 클립을 이용하여 클리핑한 후, 페이지 출처의 링크를 타고 들어가면 됩니다.

리본 메뉴 만들기

자신이 자주 쓰는 메뉴들로 리본 메뉴를 새롭게 만들면 원노트를 더욱 편리하게 사용할 수 있습니다. 먼저 리본 메뉴의 파일로 들어가, 맨 밑의 옵션을 클릭하고 '리본 사용자 지정'을 클릭합니다.

[그림 3-1-39] 리본 메뉴 만들기1 [그림 3-1-40] 리본 메뉴 만들기2

[그림3-1-41] 리본 메뉴 만들기3

[그림 3-1-42]에서 새 탭을 클릭하면 [그림 3-1-43]처럼 새로운 탭과 그룹이 생성됩니다.

[그림 3-1-42] 리본 메뉴 만들기4 [그림 3-1-43] 리본 메뉴 만들기5

[그림 3-1-44]는 [그림 3-1-43] 아랫부분을 확대한 사진입니다. 자세히 알아보도록 하겠습니다.

[그림 3-1-44] 리본 메뉴 만들기6

① '새 탭'을 누르면 새로운 탭이 생성됩니다.

② '새 그룹'을 누르면 탭 아래에 새로운 그룹이 생성됩니다.

③ '이름 바꾸기'를 누르면 선택되어있는 탭/그룹의 이름을 변경할 수 있습니다.

④ '원래대로'를 누르면 새로 만들어진 탭/그룹을 이전으로 변경할 수 있습니다.

[그림 3-1-45]의 왼쪽 상자에서 원하는 메뉴를 선택하여 오른쪽 자신이 생성한 그룹에 추가하여 나만의 메뉴를 만들 수 있습니다. 또한 '제거'는 선택한 메뉴를 제거할 수 있는 기능입니다. 그렇게 아래의 그림처럼 자신만의 리본 메뉴를 만들 수 있습니다.

[그림 3-1-45] 리본 메뉴 만들기7

[그림 3-1-46] 리본 메뉴 만들기8

TIP

[그림 3-1-47]의 화면처럼 설정을 '모든 명령'으로 바꾸면 기존의 리본 메뉴에서도 볼 수 없었던 다양한 기능이 나옵니다.

[그림 3-1-47] 리본 메뉴 만들기9

3-1-3 나이스 입력

맞춤법 검사

원노트의 다양한 기능 중에서 학교 업무 중 나이스 행동특성 및 종합의견이나 교과 평어를 입력할 때 유용한 기능이 있습니다. 바로 맞춤법 검사 기능입니다. 나이스 업무뿐만 아니라 다양한 방면에서 쓰일 수 있는 이 기능을 배워보도록 하겠습니다.

행동특성 및 종합의견

2022년 12월 17일 토요일   오전 10:26

이름	번호	행동특성 및 종합의견
윤철수	1	학습 속도가 조금 느리지만 포기하지 않고 꾸준히 노력하는 모습이 매우 인상적임. 자신에게 정해진 과제는 끝까지 완수하려는 자세가 매우 모범적임. 자기 주도적으로 목표의식을 가지고 학습에 임한다면 학업성취도가 향상 되어 지리라 기대됨. 비교적 활발한 편이고 교우관계에 있어 많은 학생들과 문제 없이 어울릴 수 있는 높은 사회성을 가지고 있음. 담임교사와 함께 진행한 교과보충을 통해 학습에 대한 자신감이 높아졌으리라 기대됨. 추가적인 가정에서의 학습이 있다면 상위권의 성적도 기대할 수 있음.
박철수	2	수학적 능력이 또래에 비해 매우 뛰어난 편임. 수학적 문제해결력이 우수하고 셈하는 속도가 빨라 수학과 학업성취가 우수함. 다만 국어과목에 소극적인 태도를 보일 때가 있어 이 부분을 개선한다면 더욱 훌륭한 학생이 될 것으로 예상됨. 학생들 사이에서 인기가 많은 편이고 잘 어울림. 다만 학생들과 다툴 때가 있어 가끔 지도를 받을 때가 있음. 많은 사람들 앞에서도 자신의 의견을 피력하는데 자신감을 가지고 있음. 다만 가끔 상황에 맞지 않은 발언을 할 때가 있음. 그 부분을 주의한다면 더욱 신뢰받는 학생이 될 것이라 생각됨.
김철수	3	언어 구사 능력이 뛰어나 자신의 주장을 굳잘 세우며 학생들과 다양한 방법으로 의사소통함. 다만 수업 태도가 미흡할 때가 있어 수업 시간에 더 집중하는 태도를 보인다면 더욱 훌륭한 학생이 될 것임. 학생들 사이에 잘 어울리는 학생이지만 가끔 학생들과의 갈등 상황에서 미흡한 해결방식을 보일 때가 있어 그 부분을 해결하면 더욱 모범적인 학생으로 성장할 것으로 기대됨. 자신이 좋아하는 활동을 할 때의 집중력이 매우 뛰어난 편임. 학생들 사이에서 촉망받는 학생이지만 갈등이 없는 편이 아니라 다른 사람들의 마음을 헤아릴 수 있는 능력을 향상시킨다면 더욱 훌륭한 학생으로 성장할 것으로 생각됨.
배철수	4	수학적인 사고력과 계산 능력이 뛰어나 주어진 문제를 잘 해결함. 조금 노리더라도 자신에게 주어진 문제를 끝까지 해결 하려하는 끈기가 매우 모범적임. 다만 수업 태도가 미흡할 때가 있어 이 부분을 개선한다면 더욱 훌륭한 학습능력을 갖게 될 것으로 예상됨. 자기 주장이 강한 편이라 친구들과 갈등이 생길 때가 있으나 잘 해결하는 편임. 자신에게 맡겨진 과제를 끝까지 해결하려는 모습이 돋보임. 특히 수학적 과제를 논리적으로 해결하는 모습이 인상적이며 이 부분을 가정에서도 강화 시켜준다면 상위권의 성적을 기대할 수 있음.
국철수	5	학생들에게 양보를 잘하고 배려하는 습관이 몸에 배어 있는 훌륭한 학생임. 자신이 좋아하는 분야를 열심히 탐구하여 전문적인 지식이 있음. 모둠 활동이나 쉬는 시간에 친구들과 어울리는 연습을 한다면 더욱 사회성이 높은 학생으로 성장할 것으로 기대됨. 수업시간에 집중하는데 어려움을 느끼는 경우가 있고 학습을 시작하기 전 준비과정이 긴 편임. 다른 사람들의 마음을 읽어내는 능력이 미흡한 편이나. 친구들 과의 관계를 어려워하는 경우가 있음. 자신의 국어능력에 대한 자신감이 떨어져 있으므로 이 부분을 가정에서 도와준다면 학습에 대한 자신감이 많이 회복될 것으로 생각됨.
이철수	6	수학적 능력과 언어적 능력이 또래에 비해 뛰어난 편임. 대부분의 수업 내용을 쉽게 이해하여 과제를 빠르게 해결하는 편임. 다만 수업 태도가 미흡한 경우가 있어 이 부분을 개선한다면 학업 성취도가 향상될 것으로 보여 짐. 자기 주관이 있고 이를 표현할 수 있는 충분한 능력이 있으나 수줍음이 많은 편이나 발표에 어려움을 느낄 때가 있음. 자신의 의견을 좀 더 힘있게 말할 수 있는 능력을 향상 시키기 위해 국어교과의 의견과 뒷받침내용 단원을 열심히 학습했으며 이 부분을 강화하면 더욱 좋아질 것이라 생각됨. 교우관계에 있어서 친구들이 편하게 다가갈 수 있는 성격을 보유하고 있으며 모난 구석이 없어 다른 친구들과

[그림 3-1-48] 맞춤법 검사1

[그림 3-1-48]처럼 맞춤법을 검사할 페이지를 준비합니다. 그 후 [그림 3-1-49]처럼 리본 메뉴의 '검토-맞춤법 검사'를 클릭합니다. 그럼 원노트의 우측에 [그림 3-1-50]과 같은 맞춤법 검사 화면이 나타납니다.

[그림 3-1-49] 맞춤법 검사2

[그림 3-1-50] 맞춤법 검사3

작성된 페이지의 띄어쓰기에 문제가 있어 맞춤법 검사 기능에서 걸러지게 된 것입니다. 그러면 해당 원노트에는 회색으로 음영 처리가 되어 문제가 있는 단어가 어디에 있는지 볼 수 있습니다. 앞의 그림을 다시 자세히 살펴보겠습니다.

① '사전에 없는 단어'는 해당 페이지에서 맞춤법에 문제가 있는 단어입니다.
② '제안'은 수정할 단어를 제안해주는 것입니다. 제안된 것 중 사용자가 원하는 것으로 선택하여 클릭하면 페이지에 자동 수정됩니다.
③ '한 번 건너뛰기'는 사용자가 문제가 없다고 판단한 경우 고치지 않고 넘어가는 기능입니다.
④ '사전에 추가'는 원노트에 저장되어있는 사전에 해당 단어를 추가하여 다음 맞춤법 검사부터 걸리지 않도록 해주는 기능입니다.

평어를 원노트에 입력한 후 클릭 몇 번으로 정확한 맞춤법을 검사를 진행할 수 있어 학기 말 나이스 검토를 할 때 수월하게 업무를 진행할 수 있습니다.

여러 개의 반을 수업하고 평어를 작성해야 하는 중등/전담 교사들은 아래의 [그림 3-1-51]과 같이 반별로 평어를 작성하여 입력하고 저장할 수 있습니다. 또한 관찰일지 등을 다른 페이지에 작성하여 수시로 관찰한 내용을 참고하며 교과 평어를 입력할 수 있습니다.

[그림 3-1-51] 중등/초등 전담 전용 페이지

TIP

평어/학기말 종합의견/행동발달 및 종합의견은 앞서 배운 섹션 암호화 기능('섹션 우클릭-이 섹션을 암호로 보호' 혹은 '검토-암호')을 활용하여 작성할 수 있습니다.

예쁘고 편리한 교무수첩 만들기

3-2-1 **통합 교무수첩 틀 만들기**

원노트를 이용하여 다양한 형태의 교무수첩을 만들 수 있습니다. 일일 학급일지 버전으로 교무수첩을 만들어보겠습니다. 먼저 '2023 Planner'라는 이름으로 섹션을 생성한 후 '1월'이라는 페이지를 만들어 줍니다. 이후 1주차~5주차까지 페이지를 추가 생성하여 하위 페이지로 만들어 줍니다. 이후 일요일~토요일까지 요일별로 페이지를 추가하여 두 번째 하위 페이지로 만들어 줍니다. 그러면 [그림 3-2-1]과 같은 화면이 생성됩니다.

> ∨ 1월
>> **1주차 (1.1.~1.7.)**
>>> 일요일
>>> 월요일
>>> 화요일
>>> 수요일
>>> 목요일
>>> 금요일
>>> 토요일

[그림 3-2-1] 섹션 및 페이지

> **TIP**
>
> 섹션 및 페이지를 만드는 방법과 하위 페이지 만드는 방법은 본 책 1장에 서술되어 있습니다.

먼저 1월이라는 페이지를 만들고 나서 페이지에 1월 달력을 만듭니다. 달력을 삽입하는 방법은 리본 메뉴의 '표'를 이용하여 만들어도 되고, 4장에서 배울 원타스틱을 이용해도 됩니다. 원타스틱의 달력 매크로를 이용하여 1월 달력을 만들면 다음과 같이 월별 달력이 만들어집니다. 그 후, 달력에 일정을 적습니다.

[그림 3-2-2] 달력

위와 같이 '1월' 페이지에 달력을 만들어 일정을 추가하면서 교무수첩을 운영하면 할 일을 잊어버리지 않을 수 있습니다.

TIP

아래 그림과 같이 달력 옆에 '월별 목표'라는 표를 만들어 월별로 중요한 일들을 정리해 놓을 수 있습니다.

[그림 3-2-3] 월별 목표

TIP

다음 그림과 같이 달력 안에 일정을 입력할 때 '할 일' 태그를 이용하여 완료한 일정을 구분할 수 있습니다.

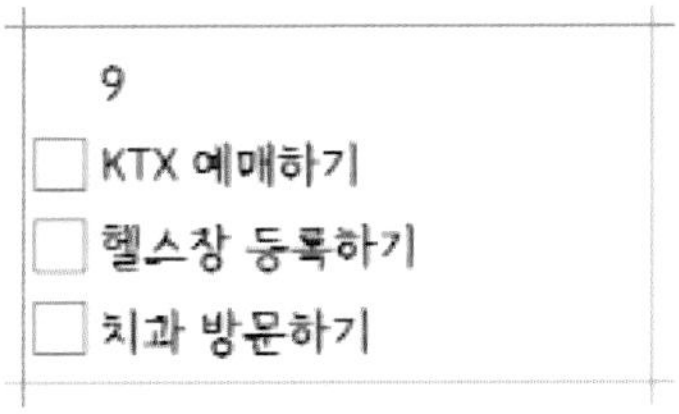

[그림 3-2-4] 할 일 태그

TIP

아래 그림과 같이 달력 일정 안에 연결(Ctrl+K)을 사용하여 누르면 바로 해당 페이지로 이동할 수 있게 설정해두면 더욱 편리한 교무수첩을 만들 수 있습니다.

[그림 3-2-5] 링크 삽입

하위 페이지로 설정한 '1주차 (1.1~1.7)'에는 주간 일정을 표로 만들어 놓습니다.

1주차 (1.1.~1.7.)
2021년 12월 19일 일요일   오후 4:57

일	월	화	수	목	금	토

[그림 3-2-6] 주간 일정

이제 하위 페이지로 요일들을 만들고 해당 페이지를 일별 일정으로 만들어 매일 기록하는 용도로 사용합니다. 아래의 그림은 하나의 예시로 만들었지만 학급일지에는 다양한 모습이 있으니 사용자가 원하는 대로 만들어 볼 수 있습니다.

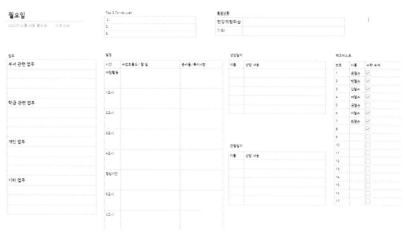

[그림 3-2-7] 일별 일정

이렇게 만들어진 페이지들은 복사 기능을 활용하여 다른 주간과 다른 월 교무수첩으로 쉽게 복사할 수 있습니다. 즉, 기본 틀이 되는 페이지에는 데이터를 입력하지 않고, 기본 틀 페이지를 복사하여 사용하도록 합니다. 자세한 복사 방법은 3-2-2에서 다루도록 하겠습니다.

> **TIP**
>
> 달력/월별 목표/주간 목표/일별 일정 등과 같은 자주 사용하는 템플릿은 '내 템플릿'이라는 섹션을 만들어 복사-붙여넣기 작업을 편리하게 할 수 있습니다.

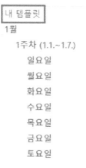

[그림 3-2-8] 내 템플릿

TIP

Alt+Shift+D 단축키를 사용하면 입력하는 당시의 날짜가 입력됩니다. 따라서 매일 기록하는 일별 일정은 아래의 그림처럼 만들 수도 있습니다.

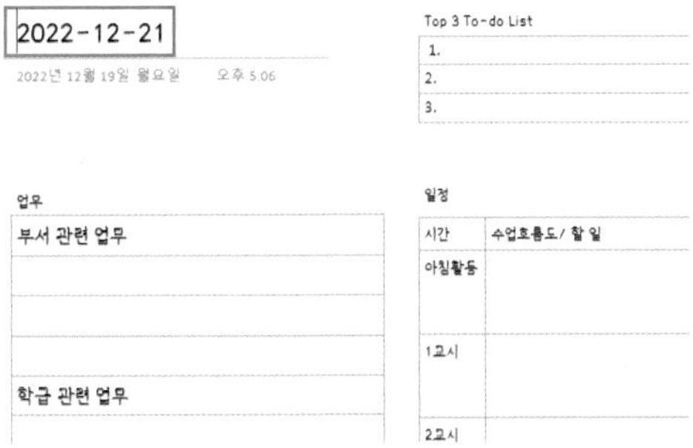

[그림 3-2-9] Alt+Shift+D

TIP

교무수첩의 다른 버전을 아래의 그림으로 첨부하였습니다. 나만의 교무수첩을 만들 때 참고하시기 바랍니다.

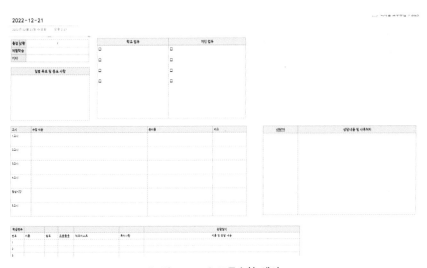

[그림 3-2-10] 교무수첩 예시

인터넷이나 지인을 통해 받은 교무수첩 양식을 그대로 사용하고 싶거나, 손 필기를 자주 하는 교사분들께 학급일지 작성에 좋은 방법을 안내해드리겠습니다.

그림을 배경으로 설정

이미지로 받은 파일을 원노트의 배경으로 설정하여 그 위에 필기하는 것이 가능합니다. 먼저 사용할 교무수첩 파일을 준비하세요. 이후 아래와 같이 리본 메뉴의 '삽입－그림'을 클릭합니다.

[그림 3-2-11] 이미지를 배경으로1

자신이 준비한 이미지 파일을 선택하여 원노트 페이지에 삽입합니다. 이후 페이지에 맞게끔 크기를 수정합니다. 본 책에서는 [그림 3－2－12]와 같이 예시로 준비해보았습니다.

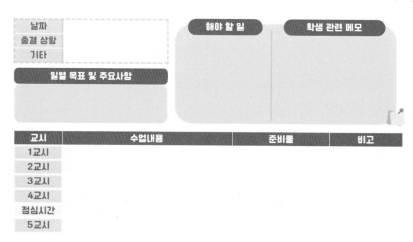

[그림 3-2-12] 이미지를 배경으로2

> **TIP**
>
> '굿노트 학급일지', '굿노트 교무수첩 양식' 등을 검색하면 여러 선생님들께서 만드신 예쁜 양식을 다운로드할 수 있습니다.

이후에 이 이미지를 배경으로 설정해줍니다. 마우스 우클릭을 하면 아래와 같은 화면이 나오는데 이때 '그림을 배경으로 설정'을 클릭합니다.

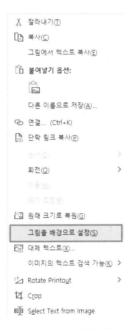

[그림 3-2-13] 이미지를 배경으로3

[그림 3-2-13]과 같이 '그림을 배경으로 설정'을 클릭하면 삽입한 이미지가 배경으로 설정되어 다음 그림처럼 위에 텍스트를 넣거나 손 필기를 할 수 있게 됩니다. 그림을 배경으로 설정하지 않고 손 필기를 하면 표가 선택되는 등 불편할 수 있습니다. 손 필기를 자주 사용하시는 선생님들께는 '그림을 배경으로 설정' 기능을 추천합니다. '그림을 배경으로 설정' 후에 손 필기 말고도, 원하는 위치에 텍스트 입력도 물론 가능합니다. 다만, 그림을 배경으로 설정했기 때문에 배경 틀을 변경하기는 어렵습니다.

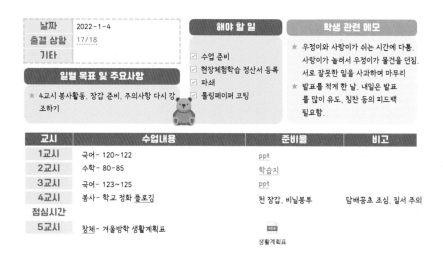

[그림 3-2-14] 이미지를 배경으로4

3-2-2 틀 복사하여 사용하기

앞서 만든 교무수첩 틀은 한 번 만들어 놓으면 복사하기 기능을 통해 다른 월·주·요일 별로 쉽게 만들 수 있습니다.

먼저 '1주차'의 요일 페이지까지 만들어 놓습니다. 이후 아래와 같이 처음부터 끝까지 Shift 키를 이용하여 선택한 뒤, 마우스 우클릭하여 아래의 '이동 또는 복사'를 클릭합니다.

[그림 3-2-15] 페이지 선택

[그림 3-2-16] 이동 또는 복사1

그러면 선택된 페이지들을 어디에 이동/복사시킬 것인지 위치를 설정하는 화면이 나옵니다. ① 화면에서 복사할 위치를 설정한 후 ② 복사를 클릭합니다.

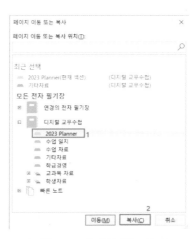

[그림 3-2-17] 이동 또는 복사2

TIP

'이동'을 클릭하면 선택된 페이지가 설정한 위치로 이동하게 됩니다.

그러면 좌측 그림과 같이 하나의 페이지가 복사되어 추가됩니다. 그러면 해당 페이지를 우측 그림과 같이 날짜를 수정하여 사용하면 됩니다.

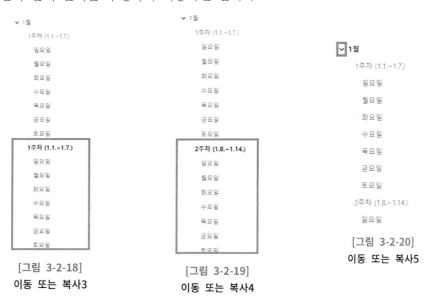

[그림 3-2-18]
이동 또는 복사3

[그림 3-2-19]
이동 또는 복사4

[그림 3-2-20]
이동 또는 복사5

이렇게 '페이지 이동 또는 복사' 기능을 사용하여 1월을 완성하면 2월을 만들 때는 '섹션 이동 또는 복사' 기능을 사용하면 됩니다. 먼저 섹션을 전체 선택합니다. 이때 선택하기 편하게 페이지들을 버튼을 클릭하여 접어줍니다.

이후 페이지 복사와 유사하게 섹션을 마우스 우클릭한 후 '이동 또는 복사'를 클릭합니다.

[그림 3-2-21] 이동 또는 복사6

그러면 '1월' 섹션 밑에 똑같은 섹션이 하나 추가로 생성됩니다. 마찬가지로 2월 달의 날짜에 맞게 수정하여 교무수첩으로 활용하면 됩니다.

[그림 3-2-22] 이동 또는 복사7

TIP

전담 선생님과 중등 선생님들은 많은 수의 학생들을 관리하실 때 하위 페이지 기능을 사용하면 더욱 체계적인 관리가 가능합니다. 학년 밑에 학급별로 하위 페이지를 만들고 수행평가 결과나 학급 명렬표 등을 삽입하면 필요한 내용을 빠르게 찾고 편집하실 수 있습니다.

[그림 3-2-23]
전담 선생님 예시

Chapter 04

원더스틱으로 스마트 캘린더 만들기

OneNote

수업&업무 관리에 날개 달기

4-1-1   원타스틱 활용해 스마트 메인 페이지 만들기

12월
2022년 12월 11일 일요일   오후 1:15

12월 2022

일요일	월요일	화요일	수요일	목요일	금요일	토요일
27	28	29	30	1 ★ 3학년 체험학습	2	3
4	5 ★ 방과후 학교 종료 2022년 방 과후 학교...	6	7	8 ★ 전교 학생회 선거 전교 학생 회 선거	9	10
1	12	13 ☑연수 제출서류 확인	14	15 ☐동아리 활동 운영비 결산안 제출	16	17
18	19 ☐ 학급운영비 기안	20	21 ★ 생기부 마감	22	23 ★ 졸업식 작년 졸업 식	24

[그림 4-1-1] 스마트 캘린더

원노트는 그 자체로도 다양한 기능을 갖추고 있지만 원노트의 기능을 한층 더 강화할 수 있는 추가 기능이 있습니다. 바로 원타스틱(Onetastic)이라는 도구입니다. 원타스틱은 마이크로소프트에서 직접 제공하는 원노트 추가 기능으로서 원노트를 더 효과적으로 사용할 수 있게 해주는 도구 상자입니다. 그중에서도 'Monthly Calender'라는 추가 기능을 사용하면 학사일정을 한 번에 관리 가능한 스마트 캘린더를 제작할 수 있습니다. 이를 이용하면 디지털 교무수첩 프로그램으로 원노트가 얼마나 훌륭한지 느낄 수 있을 겁니다. 추가 기능이라고 해서 두려움을 가지실 필요는 없습니다. 매우 간단하니 한 단계씩 따라 하시면 됩니다. 참고로 원타스틱은 설치형 버전인 OneNote Microsoft 365(설치형)에서만 설치 및 실행할 수 있습니다.

먼저 원타스틱 기능을 원노트에 추가해야 합니다. 원타스틱 다운로드 방법을 간단하게 살펴봅시다. 원타스틱을 다운로드하기 위해서는 먼저 본인이 사용하고 있는 원노트가 32 비트 버전인지 64비트 버전인지 확인해야 합니다.

좌측 상단 파일 클릭 > 계정 클릭 > OneNote 정보 클릭 > 몇 비트인지 확인하기

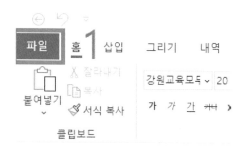

[그림 4-1-2] 원노트 32/64 bit 버전 확인하기1

[그림 4-1-3] 원노트
32/64 bit 버전
확인하기2

Microsoft® OneNote® Microsoft 365용 MSO(버전 2304 빌드 16.0.16327.20200) 64비트

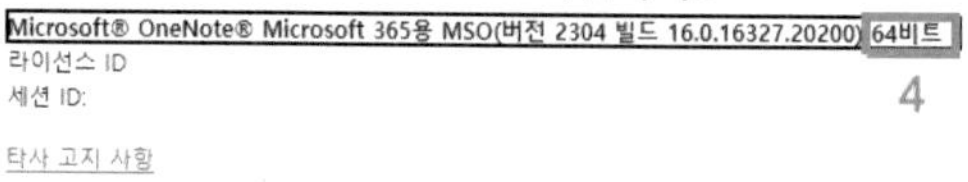

[그림 4-1-5] 원노트 32/64 bit 버전 확인하기4

[그림 4-1-4] 원노트 32/64 bit 버전 확인하기3

① 원노트 프로그램 상단의 [파일] 탭을 클릭합니다.
② 좌측 하단의 [계정] 탭을 클릭합니다.
③ 우측 하단의 [OneNote 정보]를 클릭합니다.
④ 원노트 버전 끝에 입력되어 있는 것이 32비트인지 64비트인지를 확인합니다.

32비트인지 64비트인지 확인했다면 해당 버전에 적절한 원타스틱을 설치하는 법에 대해 알아봅시다.

> **TIP**
>
> 최근 컴퓨터 대부분은 64비트 버전입니다. 그러나, 32비트일 수 있으니 꼭 확인해 보시기 바랍니다.

구글에 onetastic 검색 > Download 클릭 > 앞서 확인한 비트 클릭 > Download 클릭 > Start OneNote 클릭 > 홈 탭 우측 상단에서 생성된 메뉴 확인

[그림 4-1-6] 원타스틱 다운로드하기1

[그림 4-1-7] 원타스틱 다운로드하기2

[그림 4-1-8] 원타스틱 다운로드하기3

[그림 4-1-9] 원타스틱 다운로드하기4

[그림 4-1-10] 원타스틱 다운로드하기5

[그림 4-1-11] 원타스틱 다운로드하기6

① 구글 검색창에 'Onetastic'을 검색합니다.

② 첫 번째 검색 결과 하단의 'Download'를 클릭합니다.

③ 이전에 확인했던 자신이 사용하고 있는 원노트 32/64비트 버전에 맞는 원타스틱 다운로드 버튼을 클릭합니다.

④ 약관 동의 버튼을 누르고 다운로드를 실행합니다.

⑤ 다운로드가 완료되면 'Start OneNote' 버튼을 눌러 원노트를 실행합니다.

⑥ 다운로드가 정상적으로 완료되었다면 홈 탭 우측에 [Onetastic] 메뉴와 [Macros] 메뉴가 생성됩니다.

원타스틱 설치가 완료되었다면 스마트 캘린더를 만들기 위해 Monthly Calender를 설치해보도록 하겠습니다.

Download Macros 클릭 > Insert Monthly Calender 클릭 >
Install 클릭하여 설치 > Close 클릭하여 팝업 창 닫기 >
Macros 메뉴에 생성된 Calender 버튼 확인

[그림 4-1-12] 캘린더
다운로드하기1

[그림 4-1-13] 캘린더 다운로드하기2

[그림 4-1-14] 캘린더 다운로드하기3

[그림 4-1-15] 캘린더 다운로드하기4

[그림 4-1-16] 캘린더 다운로드하기5

① Macros 메뉴에서 Download Macros 버튼을 클릭합니다.

② Macros 설치창이 뜨면 설치할 수 있는 원타스틱 기능들이 나타나게 됩니다. 이 중에서 가장 처음에 위치한 Insert Monthly Calender를 클릭합니다.

③ 우측 탭에서 Install 버튼을 클릭하여 Monthly Calender를 설치해줍니다.

④ Monthly Calender를 설치하면 아이콘을 변경하겠냐고 묻는 팝업 창이 뜨는데 유료 버전의 기능이므로 Close를 눌러 팝업 창을 닫아 줍니다.

⑤ Macros 메뉴에 생성된 Calender 버튼을 확인할 수 있습니다.

4-1-2 Monthly Calender 활용해 스마트 캘린더 만들기

Calendar 클릭 > Insert Monthly Calendar 클릭 > 설정 입력 > OK 클릭

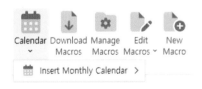

[그림 4-1-17] 스마트 캘린더 만들기1

이제 원타스틱을 이용하여 스마트 캘린더를 만들어 봅시다. 그림과 같이 홈 > Macros 탭에서 가장 첫 번째에 있는 Calender > Insert Monthly Calender를 클릭해봅시다. 그림 다음과 같은 설정 창이 뜨게 됩니다. 만약 [그림 4-1-18]처럼 자세한 옵션이 나오지 않는 경우 [Show More Options]를 누릅니다.

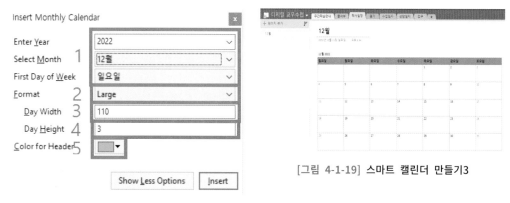

[그림 4-1-18] 스마트 캘린더 만들기2   [그림 4-1-19] 스마트 캘린더 만들기3

설정을 완료하고 'OK' 버튼을 클릭하면 잠시 후에 캘린더가 만들어집니다. 창을 간단하게 살펴봅시다.

[그림 4-1-18]의 설정은 다음과 같습니다.

① 위에서부터 연, 월, 시작하는 요일을 나타냅니다.

② 달력의 형식을 나타냅니다. 스마트 캘린더를 제작하기 위해서는 'Large'로 설정하시면 됩니다.

③ 달력의 너비를 설정합니다. 80에서 100 사이로 설정하시는 것을 추천드립니다.

④ 한 날짜에 들어가는 줄의 수를 설정합니다. 예를 들어, '3'으로 설정하면 날짜가 쓰인 첫 번째 줄을 제외하고 한 칸(하루)에 3줄을 입력할 수 있습니다. 물론 3줄로 제작한 이후에도 얼마든지 엔터키를 눌러 줄 수를 확장할 수 있습니다.

⑤ 머리말의 색상을 설정합니다.

> **TIP**
>
> [그림 4-1-18]에서 보여드린 설정 중 'Format : Large'는 추천드립니다. Large가 아니면 캘린더가 작게 만들어지기 때문입니다. 너비나 줄의 수는 [그림 4-1-19]와 같은 스마트 캘린더를 제작할 때 사용한 추천 설정입니다. 너비와 줄의 수는 선생님의 필요와 취향에 따라 변경하여 사용하시면 됩니다.

만들어진 캘린더에 지금까지 배웠던 기능을 활용하여 일정을 기록해봅시다.

[그림 4-1-20] 스마트 캘린더 만들기4

① 일정을 기록하고 싶은 날짜를 클릭하고 텍스트를 입력합니다. 텍스트에는 음영 효과나 글꼴 색 변경으로 일정을 강조하거나 캘린더를 보기 좋게 꾸밀 수 있습니다.

② 일정에 참고할 파일을 드래그해서 달력 안에 첨부할 수 있습니다.

③ Ctrl＋숫자 버튼을 활용해 체크박스나 중요 표시 등 태그 설정을 할 수도 있습니다. 이렇게 태그 설정한 일정은 나중에 태그 찾기를 통해 쉽게 검색할 수도 있습니다.

④ 일정과 관련된 페이지나 단락으로 빠르게 이동할 수 있도록 링크를 설정할 수도 있습니다.

[그림 4-1-20]의 4번과 같이 달력 안에 링크를 연결하여 필요한 페이지나 단락으로 이동하는 방법에 대해 자세하게 알아보도록 하겠습니다. 이렇게 스마트 캘린더로 학사일정 달력을 만들어 놓으면 다른 창으로 번거롭게 이동할 필요 없이, 체크리스트도 관리할 수 있고 캘린더에서 바로 필요한 창으로 이동할 수도 있습니다.

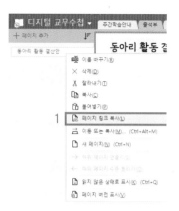

[그림 4-1-21] 달력 안에 링크
연결하기1

[그림 4-1-22] 달력 안에 링크 연결하기2

[그림 4-1-23] 달력 안에 링크
연결하기3

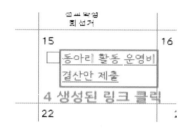

[그림 4-1-24] 달력 안에 링크
연결하기4

[그림 4-1-25] 달력 안에 링크 연결하기5

① 이동하고 싶은 페이지 또는 단락을 우클릭하고 링크 복사를 클릭합니다.

② 달력 안에 링크를 붙여 넣을 일정을 블록 설정하고 Ctrl＋K를 누르거나 우클릭 후 연결 버튼을 클릭합니다.

③ 주소창에 복사해놓은 페이지나 단락의 주소를 붙여넣기한 후 확인을 누릅니다.

④ 이제 달력 안의 일정을 보면 파란색 글씨로 표시되며 링크가 연결되었다는 것을 확

인할 수 있습니다. 일정을 클릭하여 페이지로 이동해봅시다.

⑤ 이동한 페이지에도 같은 방식으로 달력이 있는 페이지 링크를 연결하여 달력으로 바로 되돌아가도록 설정할 수 있습니다.

TIP

원타스틱 기능을 이용하여 캘린더를 제작하는 것은 설치형 버전인 OneNote Microsoft 365에서만 가능하지만 제작해놓은 캘린더는 Windows 10용 OneNote 및 다른 기기의 원노트에서도 확인 및 편집이 가능하므로, 언제 어디서든 학사일정을 쉽게 확인하고 관리하실 수 있습니다.

원타스틱 활용해 출석부 만들기

다음은 앞에서 알아본 원타스틱 기능 중 Monthly Calender를 활용해 출결관리에 매우 유용한 출석부를 만들어보도록 하겠습니다. 새로 익혀야 할 기능은 없고 지금까지 배운 기능들을 아이디어로 활용해 어디에서도 볼 수 없었던 스마트한 출석부를 만들어 보겠습니다.

먼저 출석부 섹션을 추가하고 월별 페이지를 추가한 뒤 Monthly Calander를 하나 만들어 봅시다.

[그림 4-2-1] 원타스틱 활용하여 출석부 만들기1

TIP

그림과 같이 [Neis 입력 예정], [Neis 입력 완료]라는 페이지를 만들고 그 하위 페이지로 월별 페이지를 추가하면 월별 Neis 출결 입력 여부도 한 번에 관리할 수 있습니다.

다음으로 출결 규정 및 기타 출결 관리와 관련된 문서를 캘린더 밑에, 2장에서 배웠던 인쇄물 삽입을 하면 출결 입력 시 자료를 참고할 수 있습니다.

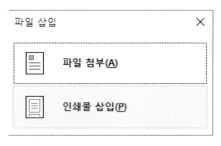

[그림 4-2-2] 원타스틱 활용하여 출석부
만들기2

[그림 4-2-3] 원타스틱 활용하여 출석부
만들기3

위 그림처럼 완성이 됐으면 학생 출결 특이사항이 생길 때마다 해당 날짜에 '김○○ 병결(눈병)' '이○○ 체험학습' 이렇게 적어주시면 됩니다. 여기에 이전 챕터에서 배운 형광펜 기능과 음영 처리 기능을 활용하면 출결 확인에 필요한 서류(진단서, 체험학습 보고서 등)를 학생이 체크했는지 여부도 기록해서 한 번에 관리할 수 있습니다.

[그림 4-2-4] 형광펜 체크

이렇게 원타스틱을 이용해 출석부를 제작하면 어느 날에 어떤 학생이 무슨 사유로 결석을 했는지, 출결 확인 서류는 제출했는지 한눈에 확인할 수 있습니다. 월말에는 출석부와 NEIS 출결 관리를 동시에 켜놓고 출결을 입력한 뒤 월별 페이지를 NEIS 입력 완료의 하위 페이지로 드래그해놓으면 학생 출결 상황을 깔끔하게 관리할 수 있습니다.

TIP

원노트 페이지의 우측 상단 검색 기능을 활용하시면 김○○ 학생이 체험학습을 며칠 썼는지, 이○○ 학생이 몇 월 며칠에 병 조퇴를 했는지도 바로 확인하실 수 있습니다.

OneNote

원노트 공유하기

5-1-1 원노트 공유 기능 알아보기

원노트의 유용한 기능 중 하나인 공유 기능에 대해서도 알아보겠습니다. 공유 기능을 사용하면 내가 작성하고 있는 전자 필기장을 다른 사용자와 공유하여 보여줄 수 있고, 함께 편집할 수도 있습니다. 구글 프레젠테이션이나 구글 스프레드시트를 통한 공동 작업을 떠올리면 이해하기 쉬우실 것 같습니다. 공유 기능 활용 예시에 앞서 원노트에서 공유 기능을 사용하는 방법을 알아보도록 하겠습니다.

파일 탭 클릭 > 공유 탭 클릭 > 링크 보내기 또는 링크 복사

[그림 5-1-1] 원노트 공유 기능
알아보기1

[그림 5-1-2] 원노트
공유 기능 알아보기2

[그림 5-1-3] 원노트 공유 기능
알아보기3

[그림 5-1-4] 원노트 공유
기능 알아보기4

① 공유할 전자 필기장을 열고 상단 메뉴에서 [파일] 탭을 클릭합니다.

② [공유] 탭을 클릭합니다.

③ [공유] 탭을 누르면 공유 창이 뜨게 됩니다. 공유는 크게 두 가지 방법으로 이루어집
니다. 링크를 직접 보내는 '링크 보내기'와 '링크 공유'입니다.

④ [그림 5-1-3]과 같이 '링크가 있는 모든 사용자가 편집할 수 있습니다.'라는 텍스
트를 클릭하면 공유 설정 창으로 이동합니다.

⑤ 공유 설정 창에서는 링크 공유 대상, 편집 가능 여부, 열람 기한, 공유 암호를 설정할
수 있습니다. 다만 무료 요금제에서는 공유 시 암호를 설정 기능을 사용할 수 없습니
다. 또한 교육청 지원 계정으로 가입한 경우에는 교육청별로 지원하는 마이크로소프
트 구독 유형에 따라 공유 시 암호 설정 기능 지원 여부가 다를 수 있습니다.

TIP

공유된 전자 필기장은 마이크로소프트 계정이 있어야 접속할 수 있습니다.

5-1-2 원노트 공유 기능 활용하기

원노트 공유 기능을 사용하는 방법을 알아보았으니 실제 교육 현장에서 어떻게 사용할 수 있을지 알아보겠습니다. 제가 보여드리는 것은 하나의 예시로서 선생님들의 필요에 따라 더 다양한 활용 방법이 있을 수 있습니다. 먼저 제가 만든 공유 전자 필기장을 보여드리겠습니다.

[그림 5-1-5] 공유 전자 필기장 예시

동학년 단위 공유 전자 필기장을 만들어 사용하는 상황을 가정하여 만든 예시입니다. 섹션으로는 학년 일정 캘린더, 동학년 협의록, 학생 전체 명단, 연간 시간표, 학년 친목회비, 학년 수업 자료 공유, 체험학습, 수행평가, 그리고 학년 공동 프로젝트 수업 등으로 구성하였습니다.

3월

[그림 5-1-6] 공유 전자 필기장 활용 예시1

먼저 이전 챕터에서 알아본 원타스틱 Monthly Calender 기능을 이용하여 공동 일정 캘린더를 제작해 보았습니다. 공동으로 진행해야 하는 업무나 행사, 서류 등을 수합해야 하는 기간 등을 태그, 링크 기능 등을 활용하여 기록하면 일정을 편리하게 관리하실 수 있습니다.

> **TIP**
>
> 3장에서 다룬 태그 사용자 지정 기능 등을 활용하면 선생님들마다 업무를 분업하여 관리할 수도 있습니다.

[그림 5-1-7] 공유 전자 필기장 활용 예시2

친목회비 관리도 원노트를 활용할 수 있습니다. 공동으로 필요한 물건 등을 기록하고 회계 파일을 엑셀로 첨부하여 관리할 수 있습니다.

[그림 5-1-8] 공유 전자 필기장 활용 예시3

보통 학년 단위로 이루어지는 평가에 관한 사항도 공유할 수 있습니다. 평가 일정이나 평가 기준안 등을 페이지 구분하여 구성하면 필요할 때마다 열어보고 확인할 수 있습니다.

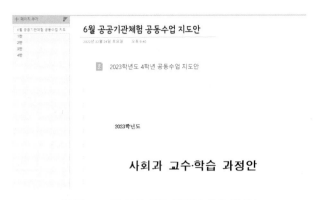

[그림 5-1-9] 공유 전자 필기장 활용 예시4

학년 공동으로 프로젝트 수업 등을 진행할 때에도 원노트를 활용하면 더욱 편리하게 수업을 계획하고 진행할 수 있습니다. 공동으로 지도안을 작성하여 첨부하고, 반끼리 중복되면 안 되는 사항이 있는 경우, 각 반의 준비 사항을 공유함으로써 중복을 피할 수 있습니다.

교직 생활을 하다 보면 다른 선생님들과 함께 일을 진행하게 되는 경우가 많습니다. 꼭 같은 교과나 동학년 단위가 아니더라도 같은 부서, 혹은 학교 전체에서 공동으로 전자 필기장을 만들면 업무를 원활히 진행하는 데 도움이 될 수 있습니다.

원노트 꿀팁 모아보기

5-2-1 수식 입력 기능 활용하기

원노트에서 제공하는 여러 기능 중에 수학 수업을 하시는 선생님들에게 특히 유용한 기능이 있습니다. 바로 수식 입력 기능입니다. 다른 프로그램에서는 분수, 제곱 등이 포함된 수식을 입력하는 것이 상당히 어렵고 번거롭습니다. 하지만 원노트는 '잉크를 수식으로' 변환하는 기능을 통해 복잡한 수식도 쉽게 입력할 수 있습니다.

그리기 탭 클릭 > 펜으로 수식 작성 > 올가미 선택 > 잉크를 수식으로 변환

[그림 5-2-1] 수식 입력 기능 활용하기1

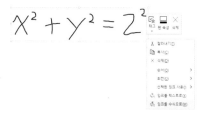

[그림 5-2-2] 수식 입력 기능 활용하기2

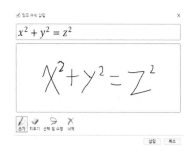

[그림 5-2-3] 수식 입력 기능 활용하기3

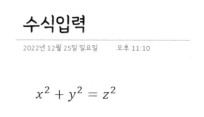

[그림 5-2-4] 수식 입력 기능 활용하기4

① [그리기] 탭에서 펜을 하나 고르고 페이지의 빈 공간에 원하는 수식을 손으로 써줍니다. 그 후에 [그리기] 탭에서 '올가미 선택'을 클릭하고 손글씨로 쓴 수식을 선택해줍니다.

② 손글씨로 쓴 수식이 선택되었다면 오른쪽 마우스를 클릭하고 '잉크를 수식으로'를 클

릭해줍니다.

③ 원노트에서 손글씨를 인식하여 수식으로 변환합니다. 그대로 삽입 버튼을 누르면 수
  식이 입력됩니다.

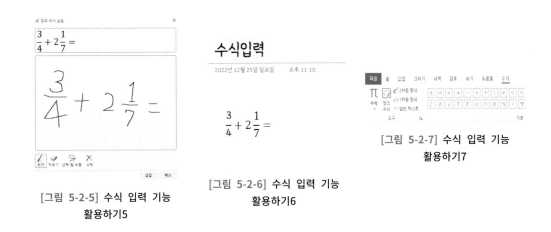

[그림 5-2-5] 수식 입력 기능
활용하기5

[그림 5-2-6] 수식 입력 기능
활용하기6

[그림 5-2-7] 수식 입력 기능
활용하기7

수식 입력 기능을 활용하면 이렇게 분수도 작성할 수 있고, [삽입] 탭에서 수식을 선택
하면 근의 공식 등 복잡한 수식을 선택하여 입력할 수도 있습니다. 또한 $\pm$, $\sqrt{}$, $\not\subset$ 등의
여러 수학 기호 등을 선택하여 입력할 수도 있습니다.

5-2-2 전자 필기장 복구하기

전자 필기장에서 삭제한 섹션이나 페이지를 복구하는 방법을 알아보겠습니다.

전자 필기장 휴지통 클릭 > 복구할 섹션이나 페이지 우클릭 > 섹션이나 페이지 복구

[그림 5-2-8] 삭제한 섹션이나 페이지
복구하기1

[그림 5-2-9] 삭제한 섹션이나 페이지
복구하기2

[그림 5-2-10] 삭제한 섹션이나 페이지
복구하기3

[그림 5-2-11] 삭제한 섹션이나 페이지
복구하기4

① 원노트 홈 화면에서 좌측 상단에 전자 필기장을 우클릭한 후 '전자 필기장 휴지통'을 클릭합니다. 그러면 해당 전자 필기장의 휴지통으로 이동합니다.

② 삭제한 섹션을 복구하려면 삭제한 섹션을 우클릭한 후 '다른 섹션으로 병합'을 클릭하면 됩니다.

③ 페이지를 복구할 때는 마찬가지로 우클릭한 후 '이동 또는 복사'를 클릭하여 전자 필기장 내 다른 섹션으로 이동시키면 됩니다.

TIP

전자 필기장 휴지통은 각 전자 필기장마다 따로 있으며, 윈도우 바탕화면에 있는 휴지통과 비슷한 개념이라고 생각하시면 됩니다. 완전히 삭제되기 전에 복원시킬 수 있도록 임시 보관하는 공간으로서, 삭제한 페이지나 섹션은 휴지통에 60일 동안 보관되었다가 이후에 완전히 삭제됩니다.

5-2-3 전자 필기장 계정 전환 및 백업하기

원노트를 쓰실 때 개인 계정을 사용하시는 경우가 많습니다. 학교 계정은 학교를 옮길 때마다 새로 만들어야 하다 보니 번거로움을 피하고자 몇몇 선생님들께서는 개인 계정을 이용하고 계십니다. 다만 개인 계정에 무료로 저장할 수 있는 원드라이브의 용량은 5GB입니다. 전자 필기장을 작성한 후 동기화하려는데 원드라이브 용량이 부족하다면 상당히 당황스러우실 것입니다. 하지만 전국 교직원에게 제공되는 마이크로소프트 교육용 계정으로 원드라이브 1TB 혜택을 이용하면 용량의 제한이 거의 없이 전자 필기장을 저장하고 동기화할 수 있습니다(원드라이브 1TB 혜택은 1-2-3 참고). 이러한 혜택을 이용하기 위해서 원노트에서 계정을 전환하는 방법을 알아보도록 하겠습니다.

우측 상단의 로그인된 계정 우클릭 > 전환할 계정으로 로그인

[그림 5-2-12] 원노트 계정 전환하기1 · [그림 5-2-13] 원노트 계정 전환하기2 · [그림 5-2-14] 원노트 계정 전환하기3

① 원노트 홈 화면 우측 상단의 계정을 클릭합니다. 여기서 하단에 있는 '다른 계정으로 로그인'을 클릭합니다.

② 다른 마이크로소프트 계정을 입력하고 로그인합니다. 저는 교육청에서 제공하는 원드라이브 1TB 혜택을 이용하기 위해 교육용 계정으로 로그인하겠습니다.

③ 이후에는 번거롭게 다시 로그인할 필요 없이 다시 우측 상단의 계정을 클릭하면 한 번의 클릭으로 계정을 전환할 수 있습니다.

원드라이브 1TB 혜택은 포기할 수 없는 매우 좋은 혜택이기 때문에 원노트를 보다 효과
적으로 사용하시려면 교육용 계정을 활용해 개인 계정과 동시에 사용하시는 것이 좋습니
다. 하지만 이렇게 하면 학교를 옮기실 때마다 교육용 계정도 새로 발급받아야 하기 때문
에 작성하던 원노트가 사라지는 위험이 있을 수 있습니다. 이러한 상황을 피하기 위해 지금
부터는 학교를 옮기실 때 전자 필기장을 백업하는 방법에 대해 알려드리도록 하겠습니다.

파일 탭 클릭 > 내보내기 탭 클릭 > 'OneNote 패키지' 형식으로 저장

[그림 5-2-15] 원노트 백업하기1

[그림 5-2-16] 원노트 백업하기2

[그림 5-2-17] 원노트 백업하기3

[그림 5-2-18]
원노트 백업하기4

① [파일] 탭에서 좌측의 '내보내기'를 클릭합니다.

② 현재 항목 내보내기 중 '전자 필기장'을 클릭합니다.

③ 서식 선택에서 'OneNote 패키지(*.onepkg)'를 선택합니다. 다른 서식으로 저장하면
   나중에 편집이 불가능하니 주의하시기 바랍니다.

④ 내보내기를 누르면 저장할 위치와 파일 이름을 설정하는 창이 뜹니다.

⑤ 저장할 위치를 선택합니다. PC, USB, 외장하드 등 저장 위치는 관계없지만 전자 필
　기장의 용량보다 큰 저장 공간이 있어야 합니다.

⑥ 전자 필기장 파일이 생성되었습니다. 더 안전하게 보관하시려면 구글 드라이브와 같
　은 다른 클라우드 서비스를 이용하여 백업하시는 것을 추천드립니다.

다음으로는 저장한 전자 필기장을 새로운 계정에서 불러오는 방법을 설명하겠습니다. 예
를 들어 다른 학교로 부임하신 뒤 발급하는 새로운 교육용 계정으로 전자 필기장을 불러오
는 방법입니다.

> **TIP**
>
> 아래 절차를 시작하기 전에 원노트에 새로운 교육용 계정으로 로그인되어 있어야 합니다.

원드라이브에 새로운 교육용 계정으로 로그인 > 저장한 전자필기장 파일 더블클릭
> 새 계정의 원드라이브 안으로 경로 설정 후 만들기

[그림 5-2-19] 원노트 불러오기1

[그림 5-2-20] 원노트 불러오기2

[그림 5-2-21]
원노트
불러오기3

[그림 5-2-22] 원노트 불러오기4

[그림 5-2-23] 원노트 불러오기5

[그림 5-2-24] 원노트
불러오기6

① 윈도우 검색창에 Onedrive라고 검색 후 '열기' 버튼을 눌러 원드라이브 프로그램을 실행합니다. (대부분의 Windows PC에 원드라이브가 이미 설치되어 있으며, 설치되어있지 않은 경우 구글 검색창에 '원드라이브 다운로드'라고 검색하여 쉽게 다운로드 할 수 있습니다.)

② 새로운 교육용 계정으로 원드라이브에 로그인합니다.

③ 백업해놓은 전자필기장 파일(*.onepkg)을 더블클릭합니다.

④ 원노트가 실행되면서 전자 필기장 압축 풀기 창이 뜹니다. 이 창에서 바로 만들기를 누르지 말고 '찾아보기'를 클릭합니다.

⑤ 저장되는 위치를 원드라이브로 설정해줍니다. 이렇게 해야 전자 필기장이 새로운 교육용 계정에 자동으로 저장되고 동기화됩니다.

⑥ 선택을 누르고 만들기 버튼을 누르면 성공적으로 전자 필기장을 불러올 수 있습니다.

⑦ 다시 홈 화면으로 돌아가면 전자 필기장이 정상적으로 동기화되고 있는 걸 확인할 수 있습니다. 혹시 동기화 표시가 나타나지 않는다면 원노트를 한번 종료한 뒤 다시

실행해보시길 바랍니다.

이런 과정을 통해 학교를 옮기시더라도 사용하던 전자 필기장을 계속해서 쓸 수 있습니다. 학교를 옮기는 시기가 아니더라도 가끔씩 원노트 패키지 파일 저장으로 백업을 해두시면 더욱 안전하게 원노트를 관리하실 수 있습니다.

부록

OneNote

원노트로 만든 디지털 교무수첩 실제 사례 살펴보기

　원노트는 사용자의 편의 및 개성대로 자유롭게 만들 수 있다는 특징이 있습니다. 부록 1에서는 독자분들께서 교무수첩을 만들 때 참고할 수 있도록 디지털 교무수첩의 다양한 활용 사례를 소개하겠습니다.

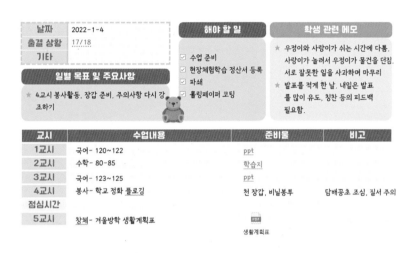

[그림 부록-1] 그림 배경, 출처: 장예진 선생님

　[그림 부록-1]은 이미 만들어진 양식을 3장에서 배운 '그림을 배경으로 설정' 기능을 이용하여 사용하는 사례입니다. '학급일지 양식', '교무수첩 양식'이라고 검색하면 선생님들이 운영하시는 블로그 등의 SNS에서 예쁜 학급일지 양식들을 다운로드할 수 있습니다. 양식을 캡처 후 그림으로 삽입하거나, 양식이 입력된 한글 파일이나 PDF 파일을 첨부 후 '인쇄물로 삽입'한 뒤, '그림을 배경으로 설정'해서 활용합니다. 위 양식의 경우 일일 단위 학급일지를 작성하시는 선생님들께 추천드리는 방법입니다. 매일 할 일을 리스트에 작성하고 체크박스 태그를 이용하여 완료했는지 안 했는지를 판단합니다. 새로 할 일이 생기면 바로 기록하여 까먹지 않도록 합니다. 링크가 필요한 경우 Ctrl＋K를 사용하여 바로 해당 페이지로 이동할 수 있게끔 링크를 삽입합니다. 첨부파일 등이 필요한 경우 준비물 칸이나 비고란에 첨부하여 사용합니다.

> **TIP**
>
> 매번 '그림을 배경으로 설정'할 필요 없이, 원본 페이지를 하나 만들어 놓고, 복사해서 활용하면 편리합니다. 또한 원본 페이지를 미리 복사해놓으면 더욱 편하게 사용할 수 있습니다.

12월 학생 출결표
2022년 12월 6일 화요일   오전 8:07

일	월	화	수	목	금	토
				1 김*윤(가학)	2	3
4	5	6 임*리(질병)	7 한*은(가정학습)	8 권*현(현체)	9 권*현(현체) 임*리(질병)	10
11	12	13 정*온(질병)	14	15 차*성(현체)	16 차*성(현체)	17
18	19	20	21	22	23 임*원(가학)	24
25	26 최*(질병) 고*현(가정학습)	27 최*(질병)	28 최*(질병)	29	30 임*섭(현체)	31

[그림 부록-2] 출결표 예시

다음은 학생 출결표입니다. 특히 코로나 및 독감 시즌에 많이 사용했습니다. 많은 학생들이 결석하고 관련 서류를 챙겨야 할 때 위의 표를 활용합니다. 해당 날짜에 결석한 학생의 이름을 적고 괄호 안에 사유를 적습니다. 그리고 서류를 제출하지 않은 학생들은 노란색 등으로 색깔로 구분합니다. 또한 특정 결석 사유와 관련하여 챙겨야 할 서류 및 기안 양식과 처리방식을 언제든 편하게 찾아볼 수 있도록 Ctrl+K로 링크 삽입하여 사용합니다. 위 그림의 파란 글씨는 링크가 삽입된 것입니다.

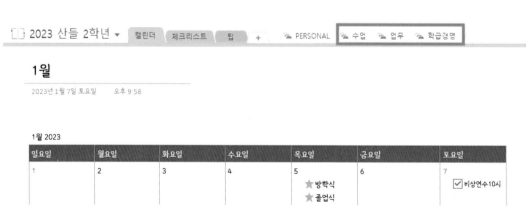

[그림 부록-3] 그룹 섹션 예시

　[그림 부록-3]은 5장까지 구성했던 디지털 교무수첩의 구성과 조금 다른 것을 확인할 수 있습니다. 섹션 그룹을 활용하여 섹션들을 [수업], [업무], [학급경영]으로 구분하여 첫 화면을 구성한 것입니다. 가장 메인이 되는 첫 페이지에는 가장 많이 이용하시게 될 캘린더와 체크리스트를 배치하였습니다. 급하게 메모가 필요할 때는 팁 섹션에 페이지를 만들어 메모를 입력 후 나중에 해당하는 섹션 그룹으로 옮기며 사용합니다. 또한 캘린더와 체크리스트에 일정과 할 일을 정리할 때 링크 기능을 이용하여 필요한 페이지로 빠르게 이동할 수 있게 합니다. 이러한 구성은 평소 바탕화면에 아이콘이 많은 걸 싫어하시는 선생님, 조금 더 정리된 화면 구성을 원하시는 선생님들께 특히 추천드립니다. 그러나 역시 가장 좋은 것은 '선생님이 편한 대로 재구성한 디지털 교무수첩'입니다.

[그림 부록-4] 수업 섹션 예시

　[수업] 섹션 그룹에 포함된 섹션들입니다. 교무수첩 사용 스타일에 따라 섹션의 수가 많아질 수 있는데, 이렇게 섹션 그룹으로 나누어 구분해주면 실제로 필요한 페이지로 이동하는 시간이 절약되는 것을 느낄 수 있었습니다. [평가] 섹션 그룹은 따로 만들어 [수업] 섹션 그룹에 넣어놨습니다. 위 그림과 같이 섹션 그룹 안에 또 다른 섹션 그룹을 만들 수도 있습니다.

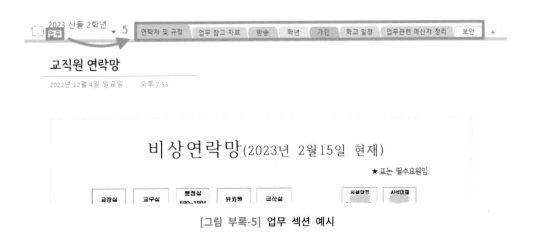

[그림 부록-5] 업무 섹션 예시

다음은 [업무] 그룹 섹션입니다. 교무수첩으로 업무를 관리하면서 그룹 섹션 기능의 장점을 크게 느낄 수 있었습니다. 학교에서 업무를 하다 보면 개인적으로 처리해야 할 업무(복무 등), 학년 단위로 처리해야 할 업무, 또 업무분장에 따라 맡은 업무(학폭, 방과후, 방송 등)와 같이 업무를 구분할 수 있습니다. 이러한 구분에 따라 문서들을 모아 보고 싶을 때 이렇게 섹션을 나누어 놓는 것이 보기 편리했습니다. 특히 전혀 다른 분야의 업무를 2개 이상 맡게 된 경우에 이런 식으로 구성하면 더욱 좋습니다.

[그림 부록-6] 업무 목록 예시

다른 선생님은 업무 섹션을 위와 같이 정리하셨습니다. 이 방법으로 번거롭게 USB에 저장하지 않아도 자신이 사용한 업무 파일을 언제 어디서나 활용할 수 있습니다. 또한 어느 위치에 저장되어 있는지 까먹은 경우, 컴퓨터 내 폴더를 일일이 찾아보지 않고 원노트 내 검색 기능을 활용하여 곧바로 찾을 수 있다는 장점이 있습니다.

[그림 부록-7] 학급경영 섹션 예시

[그림 부록-7]은 [학급경영] 그룹 섹션입니다. 학생명렬표, 출석부(특이사항), 상담일지, 학급경영 활동, 관찰기록, 알림장 등의 전반적인 사항을 기록하도록 하였습니다.

체크리스트(3월1주)

| | Weekly (3월 1주) | | | | ★학급세우기 | ★주안(3월1주) |

MON	TUE	WED	THU	FRI	SAT
2/27	2/28	3/1	3/2	3/3	3/4
1	1 ☐ 전입 신고	1	1 시업식 및 1학년 입학축하행사	학급 세우기2 ┌학급 만남 활동┐	1 ★ 예지
2	2 ☐ 부동산 수리 문의	2	2 자기소개 ┌학급안내┐	└학급 규칙 세우기┘ └학급 안내┘	2
3	3 ☐ 이삿짐 정리	3	3 및 학급 세우기1 ☐준비물 ☐안내장	3 국어 ┌독서 안내┐ └국어 교과서 살피기┘	3
4	4	4	4	4 수학 ┌수학교과서 살피기┐ └수학 학습┘	4
5	5	5	5	5 학급 세우기3	5
6	6	6	6	6 사회 ┌사회 교과서 살피기┐ └알기 연습┘	6
7	7	7	7	7	7
8	8	8	8	8	8
9	9	9	9	9	9
10	10	10	10	10	10

MEMO

	SUN
	3/5

★ ☐ 여행 비용 정산하기 ♥ ☐ 학급 명단 정리
☐ 여행 사진 정리 및 주문   ☐ 학급 교육과정 작성
☐ 이사 영수증 및 짐 정리   ☐ 행정실 문의 정리
☐ 수리 견적 확인   ☐ 연수 계획
☐ 보험금 청구   ☐ 진로 업무 인계
  ☐ 학생 상담 계획
  ☐ 특수교사 연락

SUN 3/5
★ ☐ 수진
5
4
5
6
7
8

[그림 부록-8] 그림 배경, 출처: 주희쌤의 하루 블로그(https://blog.naver.com/luckyclaire86)

[그림 부록-8]은 주간 계획이며, [그림 부록-1]처럼 이미 만들어진 양식을 배경으로 설정한 사례입니다. 일일 계획이 번거로운 경우, 위 그림처럼 주간 계획을 작성하는 것을 추천드립니다. [그림 부록-8]은 연결 기능을 활용하여 활용 가능한 자료를 모아 '학급세우기'로 표시하였습니다. 그리고 글자 음영을 이용해 일과 속성을 표시하여 한눈에 진행 상황을 파악할 수 있도록 정리했습니다. 또한 필요에 따라 추가 기록을 메모란에 체크박스를 활용하여 정리했습니다. 매번 그림을 배경으로 설정할 필요 없이, 원본 페이지를 하나 만들어 놓은 다음 복사를 하면, 그 다음주에는 원본 페이지를 복사하여 간단하게 재작성할 수 있습니다.

상담일지(학부모) ★ 기초조사서

2022년 12월 23일 금요일   오전 6:31

[그림 부록-9] 그림 배경, 출처: 주희쌤의 하루 블로그(https://blog.naver.com/luckyclaire86)

위 상담일지도 이미 만들어진 양식을 그림 배경으로 설정한 사례입니다. 학부모 상담 시, 학부모님과 상담이 처음일 경우에 주로 학기 초에 수집한 학생 기초 조사서를 활용합니다. 상담 시작 전 학생들에 대한 기본 사항을 빠르게 확인하고, 학부모와 원활하게 소통하기 위해 해당 학생에 대한 정보가 있는 단락을 연결하여 표시합니다. 위 [그림 부록-9]에서는 별표 태그를 달아 정리했습니다. 이를 잘 활용하면, 처음뿐만 아니라 다음 상담 때에도 보다 유기적이고 연속성이 있는 상담이 이루어집니다. 상황에 따라 과거 상담 기록을 빠르게 살펴볼 수 있도록, 태그 또는 단락 연결 기능을 활용하면 좋습니다. 핸드폰 또는 태블릿을 이용해 상황에 따라 펜으로 필기도 가능하며, 녹음 기능도 적절히 이용해 빠르게 상담일지를 정리할 수 있습니다.

부록 2 단축키

Windows	macOS	기능
Ctrl + K	cmd + K	링크 삽입
Ctrl + E	cmd + F	검색 (범위: 모든 전자 필기장)
Ctrl + F	cmd + F	검색 (범위: 해당 페이지)
Ctrl + B	cmd + B	굵게
Ctrl + I	cmd + I	기울임꼴
Ctrl + U	cmd + U	밑줄
Ctrl + −	ctrl + cmd + −	취소선
Ctrl + 숫자	cmd + 숫자	태그 입력
Ctrl + X	cmd + X	잘라내기
Ctrl + C	cmd + C	복사
Ctrl + V	cmd + V	붙여넣기
	opiton + shift + cmd + V	붙여넣고 서식에 맞추기
Ctrl + Shift + C		선택한 텍스트의 서식 복사하기
Ctrl + Shift + V		선택한 텍스트에 서식 붙여넣기
Ctrl + Z	cmd + Z	되돌아가기
Ctrl + N	cmd + N	새 페이지
Ctrl + T	cmd + T	새 섹션
Alt + Ctrl + +	cmd + +	화면 확대
Alt + Ctrl + −	cmd + −	화면 축소
Tab	cmd +]	들여쓰기
Shift + Tab	cmd + [	내어쓰기

Ctrl + Alt + L	option + cmd + L	해당 섹션 암호로 보호 (암호 설정 후 사용해야 함)
Ctrl + F1	option + cmd + R	리본 메뉴 활성화/비활성화
F11	fn + F	전체화면
Alt + Shift + D	cmd + D	날짜 입력
Alt + Shift + T		시간 입력
Alt + Shift + F	shift + cmd + D	날짜, 시간 입력
Alt + 왼쪽 화살표	ctrl + cmd + ←	뒤로
Alt + 오른쪽 화살표	ctrl + cmd + →	앞으로
Ctrl + R	cmd + R	우측 맞춤
Ctrl + L	cmd + L	좌측 맞춤

저자 소개

원정민(열정민쌤)

스마트한 디지털 교무수첩을 만들기 위해 앱개발을 공부해 만들었을 만큼 디지털 교무수첩에 진심이다. 생산성도구를 기반으로 한 학생 및 업무 관리에 관심이 많다. 학습 목표를 도달하면서, 학생들이 몰입할 수밖에 없는 1인 1태블릿 활용 수업이 너무 좋아서 연구하고, 교실에 적용하고, 연수를 통해 나누고 있다. 경기도혁신교육연수원 퇴근길 직무연수, 티처빌연수원 티스콘 직무연수, 지식샘터, 티처빌 쌤모임 등을 통해 디지털 교무수첩 만들기 연수와 1인 1태블릿 활용 연수를 3년간 해오고 있다.
(현) 함현초등학교 교사
블로그: https://blog.naver.com/jm_teacher

조영진

실용적이고 효율적인 에듀테크를 찾는 교사들에게 분야별로 가장 적합한 도구를 선택해 공유하는 것을 목표로 하고 있다. 에듀테크를 적용하는 가운데 교육의 본질과 철학을 잃지 않으며 더 좋은 교실을 만들기 위해 노력하는 중이다. 최근에는 AI 기술 및 태블릿 활용 수업, 경제 교육과 인성 교육에 관심을 갖고 연구하고 있다.
(현) 산들초등학교 교사

온연경

학생들을 위한 다양한 교육 방법을 연구하고 교실에 적용해보는 것을 즐긴다. 에듀테크 및 AI 등 새로운 교육 패러다임에 관심을 갖고 연구하고 있다. 체육 활동, 특히 축구를 활용한 인성 교육에 관심이 많다.
(현) 어룡초등학교 교사

이지은

무거운 종이 교무수첩을 쓰다가, 디지털 교무수첩을 만나고 디지털 교무수첩에 흠뻑 빠졌다. 교사라는 직업 덕분에 늘 새로운 분야의 일을 접할 수 있음에 감사하며 학생과 함께하는 것이 가장 즐겁다. 학급문집 만들기, 학생 1인 1책 만들기 등 빛깔있는 글쓰기 활동에 관심이 많다.
(현) 예당초등학교 교사

열정민쌤의 원노트로 만드는 무게 0g 디지털 교무수첩

초판발행	2023년 9월 29일
지은이	원정민·조영진·온연경·이지은
펴낸이	노 현
편 집	김다혜
기획/마케팅	허승훈
표지디자인	이영경
제 작	고철민·조영환
펴낸곳	㈜ 피와이메이트
	서울특별시 금천구 가산디지털2로 53, 210호(가산동, 한라시그마밸리)
	등록 2014. 2. 12. 제2018-000080호
전 화	02)733-6771
f a x	02)736-4818
e-mail	pys@pybook.co.kr
homepage	www.pybook.co.kr
I S B N	979-11-6519-388-1 93370

정 가   18,000원

박영스토리는 박영사와 함께하는 브랜드입니다.